如何培养入学好习惯

俞正强　贾淑玮
编著

浙江教育出版社·杭州

参与人员名单

（按本书编写顺序排列）

俞正强　贾淑玮　滕俊玲　虞爱丹　林梅娇　盛　苗

胡叶红　陈丽艳　张丹凤　楼晶晶　朱　嬉　仇舒颖

罗建鸽　方韶波　宋　孜　杨利霞　叶　静　陈　群

孔宜政　丰涵静　胡巧妹　金红果　陈英英　楼玲敏

金　蕾　吴冰洁　章　琪　周雅萍　蔡　凡　范秋菊

潘红丹　胡昕仪　盛秀岚　戴颖华

目　录

第一章　习惯培养的思考

第二章　习惯培养的组织

第三章　习惯培养的实施

第四章　习惯培养的经验

第一章
习惯培养的思考

（本章内容由俞正强撰写）

儿童德育始于行

人才，以德为先。立德树人是学校教育的使命。为党育人，为国育才，是每一位中国教师的头等大事。

这些道理都十分明白易懂，但立德树人这件事具体怎么干，却是众说纷纭，似乎怎么干都是育人，因为育人这件事情太宽泛了。也因为太宽泛了，所以我们的育人活动容易流于形式。因为流于形式，所以我们的校园里产生了许多令人焦虑的事情。

师范教育的教科书上都会有关于育人的原则与方法，其中最重要的是关于一个人的道德培养的基本步骤：

道德认知→道德情感→道德意志→道德行为。

即所谓的知、情、意、行。

因为这个认知，同时"知"是"行"的开始，所以我们的道德教育多强调道德认知。而道德认知常常通过讲解、说理等方式开展，这样的结果往往是把育人工作异化为说教，渐渐地，教师便"长出"了一副把学生吓坏的面孔。

学校中如此，家庭里也如此，似乎"说了"就完成了育人的工作。因此，很多父母会成为喋喋不休的人。

我们认为，道德教育的知、情、意、行这四个步骤，大致与青少年道德成长的基本过程相匹配。

道德认知解决的是"怎么样"的问题。

道德情感解决的是"为什么"的问题。

道德意志解决的是"怎么持续"的问题。

道德行为解决的是"做什么"的问题。

儿童与成人的区别就是：儿童还没形成有悖于道德的认知与行为。因此，儿童的道德教育可以直接从行为开始，直接教儿童"怎么做"。

与此相应，知、情、意、行的过程更适合纠错。

例如，现在有些孩子喜欢睡懒觉。往往当睡懒觉这个行为已经开始影响孩子正常的学习生活的时候，我们才发现这成为一个问题了，于是要去纠正它。这就产生了道德认知的需要，我们要跟这个孩子讲睡懒觉是不好的、睡懒觉的危害是什么。在此基础上，引导孩子利用情感意志，与懒“搏斗”。

最后孩子终于早睡早起了。道德教育成功了，一个完美的知、情、意、行的过程形成了。

然而又有了第二个问题：道德行为的养成是一个反复的过程，孩子依然一会儿睡懒觉，一会儿早起……这个过程是十分令人痛苦的。

事实上，正确的道德教育是没有懒觉，让孩子一开始就早睡早起。如果这样做，对孩子来说，早睡早起就变成了本来的、自然而然的一件事，这世界上好像根本没有睡懒觉这件事情。这样的道德教育是成本最低的道德教育，是没有痛苦、没有眼泪的道德教育。这种道德教育不需要“知”，不需要有对为什么要早睡早起的认知。无须培养感情，无须锻炼意志，直接达成了这个行为。

因为睡懒觉这个行为的产生道理与早睡早起行为的产生道理是一样的，一定不会有人刻意培养睡懒觉的行为。孩子也不是一开始就喜欢睡懒觉，他只是习惯了睡懒觉而已。

睡懒觉这个行为，一开始只是一个纯粹的生活问题，不是道德问题，只是这个生活问题后来影响了学习，影响了工作，才成为道德问题。

因此，好的教育要去关注孩子的“第一个行为”，不要在孩子的第一个行为上无所作为，不要在第一个行为带来问题后再开始所谓的道德教育。这样的道德教育，不是我们要的道德教育。这种道德教育适合警察，不适合教师，更不适合父母。

因此我们认为：

儿童德育始于行。

因为教育始于第一个行为，所以直接在孩子产生第一个行为时就让他做成好的。

当第一个行为是正确的，孩子会在这个正确的“行”上形成正确的“知”，这个正确的“知”又会带来更多正确的“行”——这便是良好的道德教育的展开方式。

儿童德行习惯始

儿童的第一个德行，不是上街扶老人过马路，也不是捐款，更不是“仗剑天涯，匡扶正义”，而是日常的生活习惯。

习惯是孩子的第一个德行。

习惯就是习以为常、自然而然的非生理性行为。

比如吃饭这件事情，吃是一种生理行为，本身不算习惯，只要生而为人，一定是会吃的。但有的人吃得比较脏乱，有的人吃得比较干净；有的人吃得比较快，有的人吃得比较慢。当这些脏乱和干净、快和慢成为与吃相连的一个稳定的现象时，就成为习惯了。

当吃这个行为一直与干净、快相连时，我们就说习惯好。

当吃这个行为一直与脏乱、慢相连时，我们就说习惯差。

事实上，孩子一开始吃饭慢，我们往往不会认为这是多大的问题，因为孩子有的是时间。然而长此以往，吃饭慢成为孩子的一个行为模型，“慢”渐渐地延伸到其他行为上去：

比如拿东西、收纳玩具慢……

再后来，做作业慢、上学慢……

再后来，这种慢变成了“拖延症”。

最后，孩子的这个“拖延症”成为父母焦虑的原因，于是父母要对孩子进行道德认知、道德情感、道德意志的教育，以期产生“快”的道德行为。

教育的这个步骤介入得越往后，越痛苦。

而回到源头去，“快”和“慢”当时只是一种选择而已。

学习挫折多源于坏习惯

读书可以说是孩子们成长过程中的第一件“正事”，这件正事一般是从小学一年级正式开始的。

孩子在小学里读书，有的成了“学优生”，学习有成就感；有的成了“学困生”，很有挫败感。

为什么有这种差异？有种说法叫“积懒成笨”。

懒是一种习惯，而笨似乎不是习惯，而是智力水平。其实笨也是一种习惯，可以称之为“懒得想”。思考本身是一种行为，而当懒成为一种行为模式后，思考粘上懒就表现为“呆”了。

笨常常是孩子在小学里遭受的最大的挫折，更会成为其标签。

而与笨相比，还有更多的挫折。

比如有些孩子走路喜欢用手推来搡去，俗话叫“手多”。手多是一种习惯，走路推人很危险、不安全，老师就要批评。批评多了，孩子心情就坏，行为就更加不端正，恶性循环，孩子就会被贴上“坏孩子”的标签。

一旦被贴上“坏孩子”的标签，孩子心情之糟糕程度是无法想象的。这种糟糕的心情，必然影响到学习，久而久之，孩子便开始表现出学习困难，再久而久之，孩子便开始想逃离校园。

当孩子开始想逃离校园，便会成为一个“问题学生”。当孩子成为“问题学生”后，家长很烦恼，老师很辛苦，孩子自己也很痛苦。但谁也想不到如此巨大的痛苦，其实刚开始只源于一个“手多”的习惯而已。

这样的例子举不胜举。

孩子们在校园里受到的挫折，其实一开始与学习都没有太多关系，只是最后成了学习上的困难。

习惯始于一年级

习惯始于一年级，这种说法是针对学校教育而言，是基于学校立德树人的使命而言的。

事实上，习惯应该始于家庭，至少始于幼儿园阶段，但是现在大多数人都认为习惯很重要，却不知道怎么培养。在家庭中如此，在幼儿园也如此，在小学还是如此。因为我们在习惯培养上其实缺乏一套可操作的办法。每对父母、每个老师都只能按照自己的理解进行。

以前曾看到书上写孩子上小学了不会剥鸡蛋。书上写的，还不知道真假，但我们在实际生活中真的遇到过一个小朋友在学校里不会上厕所。

许多孩子只是被“带大”而已，缺少家庭的习惯培养支持。

幼儿园的习惯教育又有什么问题呢?

幼儿园的习惯养成通常有两个问题：

一是孩子的入托时间参差不齐，比较随性，因为幼儿园不是义务教育，离开也十分方便，这使得习惯培养缺乏计划性。

二是幼儿园里的孩子在习惯培养上处于被动而非主动状态，他们的主动意识不足。

这两个问题使得幼儿园的习惯培养缺乏规范性。

当家里的习惯培养与幼儿园的习惯培养相继面临问题之后，小学成为最后一次机会。而这次机会，我们常常也没把握住：孩子们的习惯培养基本处于无意识的自主生长状态，因为对于如何培养习惯，大家都不甚了了。这也是我们之所以强调“习惯始于一年级”的意义之所在。

为什么一年级很重要?

首先，因为一年级是义务教育的起始，每个孩子都会来且必须来学校接受教育，而且不可以随便离开学校。这使得开展持续而规范的习惯养成有了现实的可能。

其次，几乎每一个一年级的小朋友都对一年级的学习生活充满向往和期待，即他们有了一定的学习自主性或主动性。这是与幼儿园入学时大为不同的情况。这种自主性或主动性使得孩子们已经形成的不良习惯具有了改变的条件。

最后，小学一年级是学生成长进入学业跑道的第一步，大多数家长都对自己孩子的成长充满了期待，这种期待有时会成为焦虑，继而转化为让孩子进行无穷无尽的知识和才艺的学习，掩盖了孩子在习惯上的缺陷。有些家长认为孩子只要字记得多、琴弹得好，其他的都不重要。家长这样的认识，在孩子一年级的时候，是亟须得到正确的引导与矫正的。

习惯培养关键在老师

不同的家庭，在其家庭活动中会使孩子养成不同的习惯。这些带着不同习惯来到学校的孩子，形成同一个集体。好习惯总没有坏习惯“诱人”。假设学生A习惯不错，学生B习惯较差，A和B在一起，大概率会出现A向B靠拢的情况。而要使A的好习惯得到强化，B的坏习惯得到改善，并向A靠拢，则需要一个懂得习惯培养的一年级老师来进行指引。

一年级老师的关键性正在于此。

让一年级老师成为这个关键的正向的人，学校需要做好三件事情。

第一件事情是要在观念上改变我们的老师。习惯培养是将我们期待的好品质进行行为固化的过程，换句话说，以行为的方式固定下来的好品质就是我们要的习惯。老师们需要在孩子童真的时候、心灵尚未被污染的时候，将其美好的品性固化成行为，伴随其一生。

第二件事情是要给老师们提供一份开展习惯培养的材料。这份材料要给老师讲明白：培养什么习惯？习惯的标准是什么？习惯的流程是什么？老师要做什么？这份材料可以表现为教材、视频、教案等。

第三件事情是要给老师的习惯培养腾出专门的时间。没有时间，一切都是空谈。

为此，我们整理了习惯养成的经验，汇编成一本专门的教材《小学入学第一课：好习惯，十会始》，并特地安排了一个月的时间来落实孩子的习惯培养，在此期间几乎不上文化知识类的课。

这三件事情做好了，习惯培养就在学校成了一件实事，而不只是嘴上说说而已。

习惯培养这件事情做好了，立德树人就有了一个扎实的开始，“儿童德育始于行”就有了一个“行”的开始。

习惯培养“十会”始

一个人有多少个习惯？有多少习惯是需要培养的？这两个问题是习惯培养过程中必须思考的。

我们写文章的时候，会有许多目录。这些目录尽管多，但在分成一级目录、二级目录、三级目录之后，就显得不那么杂乱了。在计算机设计中，也有根目录、子目录一说。

同样的道理，人的习惯也可以分为一级习惯、二级习惯等，以及根习惯、子习惯，等等。不论哪种分法，都是在说习惯也可以有先后、有轻重。养成一种好习惯后，就会自然地生发出许多其他相关的好习惯。好习惯如此，坏习惯也是如此。

如果我们对人的成长进行溯源，基本上吃的习惯、睡的习惯、如厕的习惯这三种习惯便是最根本的习惯了。

错过初为人时的习惯培养，到幼儿园，可能要加上穿衣的习惯、走路的习惯等。

错过了幼儿园的习惯培养，到了小学呢？我们把小学一年级要培养的习惯定为以下十个：

吃饭、睡觉、走路、排队、听说、游戏、问好、求助、打扫、整理。

有人会问：确定这十个习惯的依据是什么？为什么是十个而不是八个，或者十二个呢？这些问题是无从回答的，我想其实八个也没关系，十二个也没关系，那么十个自然也是没关系的。这是无须求证的，只是基于我们小学教学的经验，我认为这十个习惯很重要，值得我们在一年级培养。

事实上，重要的不是“几个”。不论是“几个”，只要认真做了，产生效果了，意义就达成了。

也有人会问：这些习惯中，哪些是生活习惯，哪些是学习习惯，哪些是人际交往习惯？这种问法似乎十分有理，但事实上，这种分类不是并列的，而是次第的。举例来说，打扫是生活习惯，还是学习习惯，抑或是人际交往习惯？

打扫，当然是生活习惯，但这个生活习惯本身也是学习习惯，再细说也是思维习惯。为什么这么说呢？

打扫本身带来洁净，这当然是生活所需，自然是生活习惯。

打扫时要学会使用工具。在学会掌握这些工具的过程中呈现出来的，自然就是学习习惯了。

以扫地为例，地要扫干净，自然不能有所遗漏；要扫得更快些，自然不能老在同一个地方重复扫。这种不遗漏、不重复，便是有序列举的思维习惯。当扫一个比较大的区域时，还需要看一下风往哪个方向吹、地势的高低等，这就涉及问题解决的策略了。如果有多个同学一起扫一个区块，那么分工合作的实践便也蕴含在其中。

所以，打扫到底是一个什么习惯呢？

习惯是一种模型，具有强大的统摄力。

我们将提出的这十个习惯，分为五组。

吃饭、睡觉是一组。

有的人会问：吃饭、睡觉谁不会？这也要培养吗？这个问题前面已经说到过，学生在家里确实会吃饭、会睡觉，但这不是我们要达到的吃饭、睡觉，所以需要重新培养。

走路、排队是一组。

这组习惯在幼儿园时就有培养，小学里依然要认真培养。走路、排队是学生校园安全的开始。

听说、游戏是一组。

这组习惯指向的是学生的团队生活。会听说、会游戏了，交往就发生了，团队生活就有了。

问好、求助是一组。

这组习惯指向的是问题解决。学生遇到的问题中，有些需要他们自己去解决，那就要会问好、会求助。

打扫、整理是一组。

打扫是为了干净，整理是为了有序，是学生个人与环境的友好呈现。

养好了这十个习惯，孩子的校园生活基本上就能表现得比较优秀了。

习惯初成四步法

习惯养成是一个操作过程，这个操作的过程具体分为四个步骤。

步骤一：做给孩子看。

做给孩子看，就是把标准教给孩子。习惯是有标准的，这个标准不仅要写成文字，更要老师做给孩子看。这一步是十分难的，需要老师以身作则。

步骤二：带着孩子做。

每个习惯的养成过程都能分解成好多个动作，可以说是由一套动作系统地形成一个好习惯。而孩子经常会记不全一套动作，这就要求老师带着孩子做，或者让先会的孩子带着其他孩子做。

步骤三：看着孩子做。

这个步骤非常重要。这个“看”可以是公然地观察，也可以是悄悄地观察。在看着孩子做的时候，老师要及时地提出鼓励、表示欣赏，或请孩子展示，让“会”的行为成为一个稳定的系统。

步骤四：由着孩子做。

把任务交给孩子，让孩子“失去”老师的带和看。让孩子们在一个没有老师的场景里做，并在他们做得稳定后给予评价。

把这四个步骤整理成一张图表：

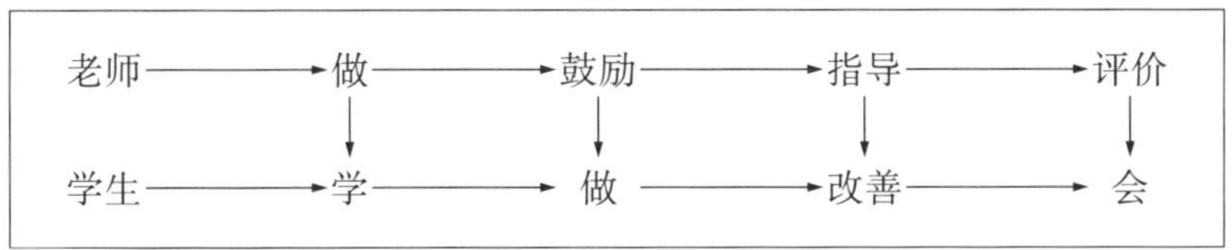

至此，孩子“会”了，但这还只是习惯的初成。

在孩子们“会”了之后，再用心地予以保持，习惯便养成了。这个保持，经常被我们的老师称为“保养”。

“十会”培养有机制

习惯从“十会”开始。“十会”的养成不是一件简单的事，需要一个机制，以形成工作系统。这个系统包括工作的人、所依据的材料、人与材料形成的时间过程等。

首先是谁来完成这项工作，分工如何：

角色	任务
校长	①在全校树立以下观念： 观念一：儿童德育始于行 观念二：儿童德行习惯始 ②将习惯培养确定为一年级第一个学期的工作重点 ③明确习惯养成是学校完成立德树人使命的第一块基石 ④明确种子习惯为“十会” ⑤做好培训工作
德育主任	①组织团队编写校本教材 ②组织团队拍摄“十会”标准视频 ③组织团队研究“十会”落实流程 ④协助校长做好班主任培训、家长培训 ⑤组织班主任“十会”习惯培养的经验交流会 ⑥组织开展“十会”习惯培养的家长开放日 ⑦组织“十会”习惯的展示活动 ⑧组织“十会小学生”荣誉评比与奖励
班主任	①制订本班详细的“十会”习惯养成计划 ②依照计划实施 ③与家长形成合力 ④形成以班主任为核心的班级“十会”养成教师团队 ⑤对孩子的“十会”养成进行指导与评价、评比
家长	①树立儿童德育始于行的观念 ②配合班主任在家部分的“十会”培养 ③参与学生“十会”成长的指导与评价 ④参与“为成长喝彩”的“十会”展示活动

其次是要有完整的材料，这些材料主要包括：

类别	内容
教学类	①教材《小学入学第一课：好习惯，十会始》 ②视频《“十会”我来做》 ③教案PPT ④“十会”养成展开图
评价类	①一本家校联系册《“十会”沟通桥》 ②“十会”观察员家长开放日记录表 ③班级评价记录表 ④“十会小学生”奖状

再次是“十会”习惯培养的过程：

时间	任务	责任人
8月	班主任“十会”培养培训	校长
	家长“十会”培养培训	校长
	班主任、家长“十会”培养计划书	德育主任
	“十会”教材编写	德育主任
9月	“十会”培养落实	班主任
	“十会”落实的经验分享会（三次）	德育主任、校长
10月	“十会”培养家长观察员开放日	德育主任
	“十会”培养专题家校交流会	德育主任
11月	“十会”的个别辅导	德育主任、班主任、家长
12月	“十会”评比、“为成长喝彩”展示会	德育主任
次年1月	颁奖	德育主任
	总结反思	校长

通过这三个方面的努力，一个有效的习惯培养工作机制就形成了。

习惯成就学习美

从2016年9月开始，我们实施一年级的“十会”课程，正式启动了“儿童德育始于行”习惯养成的实践活动，至今将近八年。八年来，学校的面貌在慢慢地发生改变，这些改变虽然不能用数据统计，但是可以用语言来描述。

第一，校园安全得到了较大的改善。

从一年级开始，我们的孩子养成了会排队、会走路、会听说、会游戏的习惯。这些“会”其实都是与安全紧密联系的，校园内的许多安全事故都不是学生故意要引起的。比如不会走路，喜欢在校园内奔跑，在墙壁拐角处不会放慢速度，在过道与楼梯上不靠右行走等，就容易相撞，一相撞就会有安全事故：轻则擦破皮，重则磕到肉，甚则折断骨。这些安全事故，一旦处理不当，学生与学生的事情就会变成家庭之间、家校之间的矛盾，也不乏对簿公堂的例子。

这些耗神耗力的安全，这些痛彻心扉的事故，其根源可能只是孩子不会排队、不会走路、不会游戏。在学校近八年的实践中，除了在一次跳高比赛中发生的骨折事故之外，孩子们均没有受到相撞带来的伤害。

校园的安全，其实就是由这些小小的习惯决定的。

第二，老师们的上课情绪普遍得到改善。

老师的上课情绪问题，其实是一个独立于师德又与师德相关联的东西。一位师德高尚的老师，也会出现情绪问题。而老师在上课中的情绪很多时候是被孩子们的习惯所左右的。

比如孩子们不会听说，总是开小差，手东摸西摸，文具盒总是掉地上，等等。即使是师德好的老师，遇到这些情况也会有情绪。

比如孩子们不会整理，一上课总是把桌子搞得一团糟、地上多纸屑。看到这些，老师的情绪也会有波动。

孩子们会听说、会整理了，老师的情绪就好了，就不会有冲动的时候了。老师不冲动了，就不会有偶发的师德问题了。师生关系也会比较融洽。

第三，孩子们的笑脸在增多。

这个变化没有统计数据，是我的感觉。虽然感觉不能作为科学的依据，但是这种感觉还是十分有意义的。

为什么孩子们的笑脸会增多？其实道理十分简单，习惯好了之后，被批评的次数少了，心烦的时间少了，开心的时间就会相对多起来。

小朋友的笑脸增多与老师的坏情绪变少是同一个道理。只是小朋友容易表现出开心而已。

会打扫了，就不会因为地扫不干净而挨罚了。

会整理了，作业本就不会脏，书本就不会卷，孩子们早上就不会落下东西，家长就不用火急火燎地赶着送了。

会求助了，同学间的矛盾就会少。比如进出座位，曾经也是孩子们经常闹矛盾的地方，一句“请让我走一下”，同桌间就少了许多矛盾。

如此等等，这些改变是实实在在的。

第二章

习惯培养的组织

（本章内容主要由贾淑玮撰写，其中“实施效果”一节由滕俊玲撰写）

教材建设

教育更强调科学、规范，而不是艺术、自由。任何一门学科知识的教学，都需要有相关的教材。没有教材或不依赖教材的课堂，教学就会失去内涵，失去方向，质量也就没有了保障。同样地，对于习惯的培养，也需要一本可以帮助教师们清晰地明确需要培养哪些习惯、这些习惯养成的标准是什么等问题的有精准细节的教材，让教师们有本可依。

倘若没有可依的习惯培养方面的教材，即使我们在思想上很重视、在行动上很努力，我们也依然会陷入“从教师的直觉经验出发”“习惯养成在标准上的显著差异”“培养内容零敲碎打，无系统性和序列性”等大部分学校在习惯培养方面的现实泥淖。

所以，我们的首要任务就是进行教材建设，编写一本既界定教师习惯培养任务，也界定学生习惯养成任务的教材。于是，我们编撰了入学习惯培养教材《十会小学生——金师附小一年级入学课程》。

一、校长室顶层设计

结合学校实际情况，校长室从顶层设计入手设计入学课程的意义、内容和实施的时间，把握校本课程开发的出发点和方向，同时邀请全国优秀班主任胡旭华老师及其工作室成员，对入学课程进行教材的编写与开发。

学校成立了领导小组、教材编写组和教材实施组。

领导小组由课程的总设计师——校长、课程实施的直接领导——分管领导、课程实施的部门负责人——政教主任组成。

教材编写组以胡旭华老师的工作室成员为主体，其中既有经验丰富的资深班主任，又有充满活力与创新思想的年轻班主任，还有负责插图、版面设计的美术老师等。

教材实施组为一年级全体任课老师。

二、确定“十会”标准

我们实施“十会”入学课程，其目的在于培养学生拥有“会吃饭”“会睡觉”等“十会”技能。那么，学生在入学之前，难道不会吃饭、睡觉这“十会”吗？我们的回答是“不会”。因为学生入学之前的“会吃饭”“会睡觉”等“十会”与我们所认为的学生需要形成的“十会”的技能与习惯是有距离的。

因此，我们首先需要确定“十会”的标准。

入学“十会”的标准

内容	标准
会吃饭	养成良好的就餐习惯，会专心地自己吃饭，不需要喂，不抢、不挑、不剩、不掉、不响；吃好饭会将餐具有序摆放到指定位置，保持桌面、地面、衣服的整洁
会睡觉	睡前洗漱干净，上好厕所；自己脱衣，摆放整齐，独立安静入睡，睡姿正确；按时安静起床，迅速穿好鞋袜
会走路	有正确的走路姿势；行走时注意力集中，不推不挤，注意场地安全；遵守日常行走规则，既文明又安全
会排队	能静、齐、快地排好“三队”（放学队、集会队、上课队），不推、不挤、不吵、不扰
会听说	能安静倾听别人说话，理解说话者的意思，并能准确表达自己的意思，发表自己的见解
会游戏	懂得遵守游戏规则，会与小朋友安全、有序、友好地玩耍；会选择合适的游戏，并能合理安排游戏的时间、场合
会问好	讲文明，懂礼貌，会用生活中的常用问候语，能主动向他人问好，态度热情大方，声音响亮
会求助	知道家长的电话号码、自家住址，会用求助电话；会礼貌询问，说清来意，找到自己要找的人和地；有困难时，会大胆、礼貌地向旁人求助
会打扫	讲卫生，爱劳动，学会正确的扫地姿势，掌握擦桌子、扫地、拖地的基本方法
会整理	会及时有序地收拾自己的物品，做到物有定位，保持书包、柜子、抽屉的整洁；有良好的卫生习惯，不产“非正常”垃圾，有垃圾时及时扔在指定地方

三、构建教材体例

（一）确定节序

这十个“会”是否有先后顺序呢？是否有逻辑关系呢？我们的答案是“有先后顺序，有逻辑关系”。“十会”入学课程在调查的基础上，选择了新生入学最必要、最可行的内容，从健康生活、独立自主、积极学习、人际交往和生活自理五个维度设计内容。这五个维度是逐渐递进的。

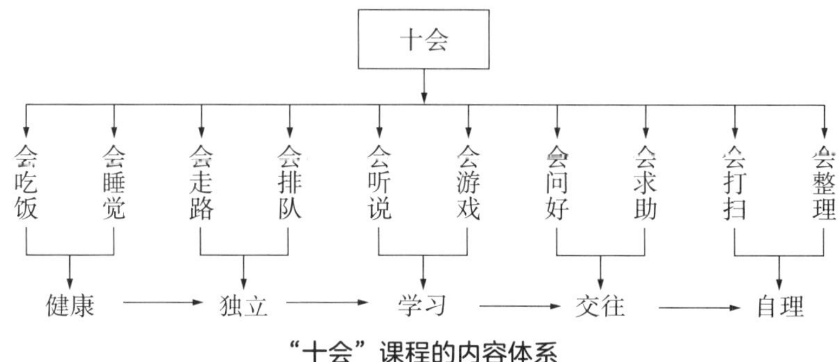

“十会”课程的内容体系

比如，我们把“会吃饭”“会睡觉”排在最前面，因为“会吃饭”“会睡觉”是健康的开始，而健康是一切学习与生活的首要保障，也是人自律的表现。

（二）架构每一节的体例

我们按照“导语”“要求”“学习”“评价”四个方面来架构每一个“会”的教材内容。

“导语”部分的作用，主要在于引出每个“会”，阐明每个“会”的重要性。

“要求”部分是“十会”具有可操作性的具体标准，学生只有达成“要求”中提到的标准，才算真正会。

“学习”部分则罗列了学生在家自学时或在课堂上学习时可用的资源；或者是把这些内容编成有精准细节的儿歌，让学生熟记；或者是列出一些有趣的游戏活动。

“评价”部分则提出了家长或学生自己评估这十个“会”是否做到的简明标准。

四、在实践中修改

2016年8月初，编写组完成了教材的第一版第一稿。在第一稿中，除了“会吃饭”“会睡觉”“会走路”“会排队”“会听说”“会游戏”“会问好”“会求助”“会打扫”“会整理”这十节内容之外，还编写了两个考核方案作为其他两节内容，这样共形成了十二节内容。2016年8月中旬，形成了校本教材《十会小学生》的第一版第二稿，供一年级学生实际使用。

2017年6月，编写组在第一轮实践的基础上修订了教材：在内容上进行充实，增加了第一轮实践中教师和家长的感言；教材中的图片全部采用实践中本校学生的照片，使其更贴近学生的生活，更富真实感；页面排版进一步美化；完善评价系统，形成了H、Q、S三个考核方案；增加了由主编胡旭华老师撰写的“编者的话”和俞正强校长撰写的“后记”，以便教师与家长理解我们实施“十会”的初衷与其具体的操作要求。

2021年暑期，编写组对教材进行再次修订：完善内容，增加“十会”计划展开图。

2023年2月，编写组再次对教材进行升级改版，每一节的内容由导语、要求、学习、评价和师长感言五部分组成，教材体现出生动的导语激趣、明确的目标要求、精准的细节指导、便捷的视频教学、明晰的教学步骤、实用的小贴士提醒、直观的图像示范、丰富的课程资源等特点。2023年8月，校本教材《十会小学生》改名为《小学入学第一课：好习惯，十会始》，由浙江教育出版社正式出版，主编俞正强。现节选教材中“会吃饭”一节的内容进行展示。

会吃饭

一 导语 —— 生动的导语激趣

民以食为天。

吃饭是我们的头等大事，要怀着感恩之心去吃饭。

饭吃好了，人就会健康有力；饭吃“坏”了、吃撑了，学习也会受到影响。

学会吃饭，非常重要。

二 要求 —— 明确的目标要求

养成按时进餐的习惯，会专心吃饭，不需要喂，不抢、不挑、不剩、不掉、不响。饭后能将餐具有序摆放到指定位置，保持桌面、地面及衣物的整洁。

在校：吃饭前，先洗手，排队领，动作轻。专心吃，不说话，不挑食，不剩饭。吃好饭，收碗盘，擦净嘴，桌地净。

在家：吃饭前，先洗手，爸妈忙，应等候。不挑食，不浪费，讲礼仪，敬长辈。吃好饭，擦净嘴，收碗筷，椅放回。

三 学习

（一）学一学 —— 明晰的教学步骤

饭前洗手七步法

内：掌心对掌心，相互揉搓。
外：掌心对手背，两手交叉揉搓。
夹：掌心对掌心，十指交叉揉搓。
弓：十指弯曲紧扣，转动搓洗。
大：拇指握在掌心，转动揉搓。
立：指尖在掌心揉搓。
腕：旋转揉搓手腕，双手交换进行。

在校文明用餐七步法 —— 精准的细节指导

铃声响，吃午饭：

一收（轻、快地把学习用品收入抽屉或书包内）；

二洗（用“洗手七步法”把手洗干净）；

三排（排队静、齐、快，左边上，右边下，队伍整齐不相撞。手拿餐盘两侧中间点，盛饭格朝内，勺朝右。餐盘端稳，搭在餐车上，不撞、不撒、不匆忙）；

四吃（瓢盆不敲，头不乱转，安静专心能光盘）；

五倒（残渣倒得准，餐盘放得齐）；

六洁（检查嘴巴、衣服、桌面、地面的卫生）；

七不（饭后不跑也不跳）。

小贴士 —— 实用的小贴士提醒

1.在校吃饭的餐盘使用礼仪

（1）餐盘怎么拿？

手拿餐盘两侧的中间点，盛饭格朝向自己。盛饭菜时，餐盘放置在饭桶、菜盆的上方，无缝衔接不掉饭菜。

（2）餐盘怎么收？

空出餐盘中的一格装骨头等食物残渣，净餐盘时轻轻刮，放餐盘时轻、稳、齐。

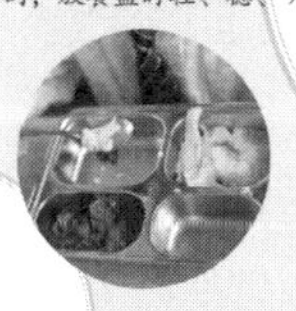

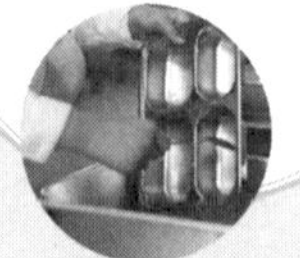

直观的图像示范

2.在家或外出吃饭的餐桌礼仪 —— 丰盈的文化熏陶

吃饭前，应帮助长者或客人入座，做好就餐准备。入席时，按宾主位就座，尊贵的客人坐上席。就餐时，待餐桌上辈分最高的人动筷之后，再动筷。夹菜时，要使用公勺、公筷，速度放缓，不要不停猛夹同一道菜，不要在菜盘里挑拣乱翻，他人夹菜时要注意礼让。吃相要斯文，细嚼慢咽。吃菜喝汤时，不发出怪异声响，不故意敲击餐盘和碗筷。如果遇到咳嗽、打喷嚏等情况，头要扭向远离餐桌的一边，并用纸巾捂住口、鼻。

（二）比一比 —— 有趣的实践活动

看谁做得好

谁吃饭能光盘？

四 评价

对照标准评一评，你“会”了吗？做到了，就给自己一个☺吧。

	评价标准	周一	周二	周三	周四	周五
在校	静（安静）					
	净（干净）					
	尽（光盘）					
在家	敬（礼仪）					
	净（干净）					
	尽（光盘）					

科学的评价激励

五 师长感言

老师说：相较于从前的习惯养成教育，“十会”教育更加系统、全面和集中。就以“会吃饭”为例，吃饭和清理的整个流程看似烦琐，实际很有条理，孩子们个个做得得心应手。

家长说：经过两个学期的学习，孩子吃饭有了明显进步：吃多少拿多少，没有明显的挑食、偏食，还会帮家人盛饭、端菜、夹菜、收拾碗筷，让家人感受到了满满的温暖。

5

队伍建设

各所学校经常会有教学方法或教学技能的培训，也常常会开展一些教研活动，以提高教师的教学技能、提升教师的教学专业素养；但是，往往会缺失如何培养学生习惯这一方面的教师培训。因此，当前的习惯培养存在两大问题：一是班主任对于习惯培养重要性的认识程度不一，在培养学生的习惯时缺少较为系统和规范的方法，很多时候凭着直觉或者经验进行，习惯培养的能力可谓良莠不齐。二是习惯培养总是被归结为班主任的事情，只强调班主任是习惯培养的责任人。

因为缺少系统的培训，班主任的个体差异往往会造成不同班级之间学生行为习惯的巨大差别，这种差别也在一定程度上让许多优秀班主任带的班成为家长心中的“热门班”。

因为把学生的习惯养成归结为班主任的任务，习惯养成的实施变成了班主任个人的“单打独斗”。这样的“单兵作战”模式，往往由于没有形成教育合力而显得“势单力薄”，影响实施效果。

我们认为，培养学生的习惯是一项非常重要且不容易的工程。不但需要班主任在思想上高度重视，掌握系统和科学的方法，而且每一位科任教师都是学生习惯养成的责任人，需要大家一起努力，形成教育的合力。

一、建立“三位一体”习惯养成模式

在实施“十会”入学课程时，我们将习惯培养的任务分配给班主任、其他科任教师和家长，明确了学生行为习惯的培养并不是班主任的个体行为，而需要班主任、科任教师、家长协同工作，改变班主任“单兵作战”的模式，形成“三位一体”的“整体作战”模式，凝聚各种教育力量，提升教育的效率。

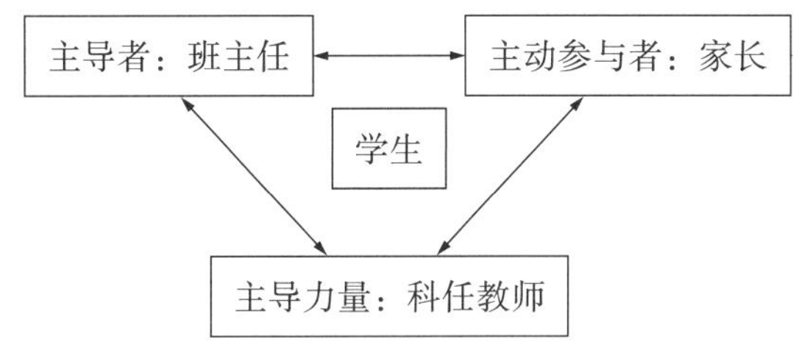

“三位一体”习惯养成模式

在新学期开始前，学校组织召开一年级科任教师的“十会”落实培训会，进行“十会”教学任务分工，根据学科的特性，确定每一门学科的训练重点，让每一位科任教师都承担“十会”的教学任务与责任。

二、班主任是关键的主导者

在学生习惯的养成过程中，在“十会”课程的实施过程中，班主任是最关键的主导者。这主要体现于：班主任与学生朝夕相处，接触的时间最多；班主任是班级建设的灵魂；班主任是班级各科任教师之间的协调者。

因此，班主任既要能够承担自己所教学科相关的习惯培养训练重点，同时又要担任班级“十会”标准的制定者和“十会”实施的全面组织者。班主任要根据校本教材中提出的每一个“会”的共性标准和年级的整体要求，设计班级的个性“十会”评价标准——用口令或儿歌等适合儿童记忆的方式表现的，可操作、有细节的每一个“会”的标准。

因此，我们要求班主任在参加学校组织的“十会”落实培训会后，还要组织召开班级“十会”落实培训会，并在培训会上完成以下几个规定任务：

1. 宣读班级“十会”标准。

2. 明确科任教师的习惯培养分工。

3. 宣读班级“十会”教学进程（即“十会”教学展开图）与考评方案。

基于此，班主任首先要主导班级“十会”实施的整体流程，整合所有科任教师对“十会”的各项技能进行教学、训练，搜集各方的反馈意见，协调在“十会”实施过程中的各种力量，调节“十会”过程中的各种偏差，统领整个班级“十会”的进程。

其次，班主任要提前制订“十会”培养考核方案，设计班级“十会花”

“十会章”“十会奖励贴”等激励学生不断努力的相关实物和《“十会”沟通桥》等家校联系手册或“十会”考评手册。

随后，班主任还要在班级家长会上对家长进行培训，让家长明确校外实施“十会”的细节和相关考评要求。

三、科任教师是重要的主导力量

班主任是关键的主导者，科任教师则是重要的主导力量。班主任一人之力是非常有限的，必须整合所有学科、所有教师，才能形成教育合力，从而在校内扎实开展“十会”课程。例如，对于“十会”内容中的“会排队”，体育老师的训练会比班主任更专业；对于“会整理”，不同学科的教师会不断对“会整理”补充操作的要求和细节，这样的补充和训练是对“整理”的巩固和发展。凡是参与班级教学和管理的所有教师，都是班级“十会”课程的实施者，他们在课程的实施中承担自己的任务，分担班主任的任务，补充班主任的细节，巩固班主任的训练，是“十会”课程重要的、不可缺少的力量。

每一位科任教师都要正确认识“十会”培养的重要性，了解学生的“十会”课程，有“十会”教学能力。为此，学校可以组织一次全方位的年级科任教师培训。

以下摘录2020年8月的一年级科任教师“十会”培训方案，以阐明我们的培训过程。

“十会”铸就好习惯

——金华师范学校附属小学2020学年第一学期“十会”课程培训会

【时间】2020年8月27日上午（8：00—11：30），下午（14：00—16：00）

【地点】二楼行政会议室

【参加人员】俞正强、汪峰、贾淑玮、吕洁、潘晶、宋孜、盛苗、张丹凤、虞爱丹，以及上一学期六年级科任教师和新学期一年级的其他科任教师

【主持】贾淑玮

【摄影】庞雅匀

【报道】吕洁

【活动安排】

<table>
<tr><th>时间</th><th>活动内容</th><th>备注</th></tr>
<tr><td>8月18日前</td><td>上一学期六年级科任教师和新学期一年级的其他科任教师到传达室领取一本校本教材，选择一个“会”进行备课，撰写教学设计，制作教学课件，在8月27日培训会上进行教学设想交流</td><td></td></tr>
<tr><td>8月27日</td><td>1.“十会”教学设想交流与点评：
(1) 相关教师对“会吃饭”内容进行教学设想交流（点评与经验分享教师：虞爱丹）
(2) 相关教师对“会睡觉”内容进行教学设想交流（点评与经验分享教师：虞爱丹）
(3) 相关教师对“会走路”内容进行教学设想交流（点评与经验分享教师：潘晶）
(4) 相关教师对“会排队”内容进行教学设想交流（点评与经验分享教师：潘晶）
(5) 相关教师对“会听说”内容进行教学设想交流（点评与经验分享教师：张丹凤）
(6) 相关教师对“会游戏”内容进行教学设想交流（点评与经验分享教师：张丹凤）
(7) 相关教师对“会问好”内容进行教学设想交流（点评与经验分享教师：盛苗）
(8) 相关教师对“会求助”内容进行教学设想交流（点评与经验分享教师：盛苗）
(9) 相关教师对“会打扫”内容进行教学设想交流（点评与经验分享教师：宋孜）
(10) 相关教师对“会整理”内容进行教学设想交流（点评与经验分享教师：宋孜）
2. 贾淑玮主任介绍学校层面“十会”落实的整体安排及注意事项
3. 俞正强校长进行“十会”落实指导</td><td>如有事不能出席，请向校长请假，并提交自己的发言稿</td></tr>
</table>

除了在开学前进行“十会”教学的备课与培训，我们还会在“十会”落实的关键月——9月，每周召开“十会”落实交流分享会，以及时提供帮助、解决困惑、共享妙招，并在次年1月，召开“十会”落实总结会。

四、家长是校外实施的主力军

习惯的养成通常需要21天，如果将其仅仅寄希望于学校，那将会事倍而功半。校内的学习训练必须要有校外的配合和补充，这样才能让“十会”的学习达到“5＋2＞7”的效果。家长是校外“十会”实施的主力军。

我们在实践中发现，很多时候家长并不是不配合而是不知道怎么配合，或者无法在家庭中实施学校教师要求家长配合的内容。因此在开发“十会”课程时，我们坚持课程的内容，不仅要能在学校中进行学习和训练，更要便于家长在家庭中进行一对一的指导和练习，以保证课程的有效实施。例如，“会吃饭”，在家和在校的要求一致——不挑食，吃光盘，自己整理餐具。这样的要求细致明确，家长在家中容易操作，自然乐意配合学校做好相关的工作。只有内容操作简便、容易配合，才能确保所有的家长都参与到“十会”课程的实践中，真正地配合学校教师，让“十会”课程中的每一项技能都扎扎实实地训练起来、每一个习惯都认认真真地培养起来。

如何激发家长的积极性，使其从被动的配合者变为主动的参与者？校级宣讲和班级培训是两条有效的路径。校级宣讲主要是在新生家长会上，由校长介绍“十会”入学课程的意义和目的，让家长明白“十会”课程对于孩子的重要作用，明白学校开设此课程的良苦用心，并从心底里认同“十会”课程，从行动上支持“十会”实施；由政教处介绍“十会”的框架、“十会”的标准，让家长对“十会”的实施做到心中有数。班级培训则是由班主任和科任教师对于本班的“十会”实施细则进行解释说明，让家长明确任务，学会操作细节，掌握实施要领，统一评价标准。

校级的宣讲给家长指明方向，班级的培训让家长明确细节，两条路径帮助家长心中有方向、手中有细节，使“十会”成为可操作、可训练、可评价的家庭教育，从而促使家长从旁观者变为积极的主动参与者。

资料建设

从2016年9月实施第一轮一年级“十会”入学课程开始，到2023年实施第八轮一年级“十会”入学课程，在这七年时间里，我们不断完善，形成了包括教材、教案、教学课件、教学视频、教学实录和“十会”计划展开图等内容的“十会”教学资料包。在资料的建设中，我们有以下几点认识。

一、教材让习惯培养有本可依

这在本章第一节“教材建设”中已经有所阐述，不再赘述。

二、教案让习惯培养落地为“事前训练”

在实际的教学中，老师们常因一些孩子没有养成好习惯而提出批评，但是又往往忽略了去帮助孩子们养成这些习惯，使得我们的教育陷入“发现问题→批评教育”的事后教育境地，即“杀虫式”育人模式。

分析其原因，一定程度上与老师的教育习惯有关：老师在教学生任何一个教材上的知识点之前，都会先备课、制订教案，但是对于习惯的养成，却从没有像对教材上的知识点那样以认真的态度去研究、备课，并最终形成教案。

因此对于习惯培养，我们要求老师们首先要备课，形成详尽的教学设计和教案。这样，就把“事后处理”改变为“事前训练”，把“应急处置”改变为“计划培养”。

三、课件让习惯培养落实为“充分了解”

如果仅有教案，没有课件，光靠口述，有时是不可靠的，有时是较枯燥的。因此，我们每一轮都会请一年级教师在“十会”落实的教师培训会上，介绍自己所选择的一个“会”的教学设计和教学课件。这样经过八轮的教学实践，学校已经拥有了较为丰富的“十会”课件。每一轮的一年级教师都享有这些教学课件，并可以根据自己的需要对这些课件进行调整和改进。

这些教学课件，有效地作用于“习惯初成四步法”中的步骤一“做给孩子看”与步骤二“带着孩子做”，让孩子首先“充分了解”。

四、视频让习惯培养趋于精准

即使有了《小学入学第一课：好习惯，十会始》这本教材，即使教材上有“十会”养成的具体评价标准，但不同的班主任对于文字所描述的要求和标准的理解其实是有差异的，甚至是比较大的差异。这种认识的差异造成了班级习惯的差异，从而成为班主任的带班烙印之一。

随着孩子年级段的升高，差异也会不断加大。加大到一定的程度，就产生了我们通常所说的两极现象——班风好、习惯好的“好班”与班风不好、习惯不好的“乱班”。

我们需要杜绝这种现象。

因此，我们从习惯培养的起始年级一年级起，就尽量地缩小这种差距，至少要避免班主任因为对于“标准”的理解偏差而造成养成效果的差异。

2018年，我们组织一年级教师拍摄了十个“会”的教学视频。后面几轮一年级班主任在实施教学时，就可以通过播放视频，让孩子们精准理解“会”的标准。

五、“十会”计划展开图让习惯培养系统有序

会吃饭、会睡觉、会排队、会走路、会听说、会问好、会游戏、会求助、会打扫、会整理的十个技能，主要在一年级新生刚入学的第一个月——9月进行教授并争取让孩子们养成。但是这十个“会”的教学与培养不可能同时完成，所谓“面面俱到”等于“面面不到”。

所以，“十会”的落实是有先后顺序的。比如“会吃饭”“会睡觉”，孩子们一到学校就要进行，我们就把这两个“会”放在最前面展开教学。比如“会问好”，相对于其他“会”而言没有那么紧迫，我们就放在后面进行教学。

“十会”的培养时间也不是平均分配的。有的“会”比较容易养成，就花较少的时间来教学，分一次或两次来提出要求，并且在较短的时间内进入考核

阶段；有的“会”较难养成，就花较长的时间来培养，并逐步提高要求。

哪些“会”要放在最开始教学？哪些“会”可以一次性或者分两次提出要求？哪些“会”可以在稍后几周展开教学？每位一年级科任教师心中都应该有这样一个系统有序的思考。我们把这个系统有序的思考叫作“十会”计划展开图。

每位一年级科任教师的“十会”计划展开图可能会有班级的实施差异，但一定也有共同的因素。比如“会排队”一般都放在第一周进行教学，因为孩子们一上学就涉及排队，这是孩子们亟需养成的习惯之一。

实施操作

我们把“十会”课程放在新生入学的第一个学期予以实施，希望通过一个学期的时间，帮助学生养成十个技能。

“十会”课程的真正实施、学生习惯的有效培养，需要学校脚踏实地，进行全面而细致的课程架构，自上而下形成体系，以实现从班主任个体进行的“零敲碎打”转换为学校整体推进的“有序展开”。

一、实施流程

1. 习惯培养全员教——“十会”教学分工

“十会”技能与习惯的养成并不是仅靠班主任培养，而是要各科任教师相互合作、共同培养。每位一年级科任教师都承担着“十会”教学任务，分工如下：

科任教师“十会”教学训练重点

学科	训练重点
语文	会听说、会问好
道德与法治	会睡觉、会吃饭、会求助、会打扫
数学	会听说、会整理
英语	会听说、会问好
科学	会听说、会整理、会排队
音乐	会排队、会整理、会游戏
美术	会排队、会整理
体育	会排队、会走路、会游戏

习惯的养成还需要家长配合，形成家校合力，才能达到更好的效果。因此，在习惯培养的过程中，班主任特别强调家长的配合，经常会向家长告知孩

子们的“十会”培养进度和在校情况；同时也会在家庭作业中请家长们进行配合，检查孩子们在家的习惯养成情况。

2. 习惯培养必须教——“十会”教学展开

每个“会”都要安排专门的一至几节课来展开细致详尽的教学，形成“示范—训练—起效”的教学梯度。

教师首先要备课，形成详尽的教学设计，制作教学课件，再开展具体的课堂教学，在教学中通过示范、手把手教、讲解、看视频、唱儿歌等各种方式，让学生知晓标准和正确的做法。

习惯的培养是“做”出来的，需要老师们“规范地做”，这样才有更高的标准；需要老师们“持久地做”，这样才会有效；还需要老师们“思考着做”，这样才会愉悦。比如，思考着做，就需要老师们在习惯培养的过程中，千方百计地运用口令、儿歌、游戏、竞赛、榜样示范、师徒结对、颁奖等方式，充分调动孩子的积极性。

在各科任教师展开“十会”教学、进行“十会”技能训练的同时，班主任除了要承担自己所负责的“十会”教学任务之外，还要协调各科任教师，形成一个基于班级统一和学科特征的标准，并配合各科任教师的训练，以形成最大的教学合力。

3. 习惯培养须练习——“十会”技能训练

“十会”技能的形成，并不是仅靠几节教学课就能达成的，而是需要反复的练习。因此，在完成“十会”课堂教学后，各个班级的“十会”教学就进入了反复练习、巩固完善的阶段。在这个阶段，我们主要通过班级日省周评的方式来强化，直至孩子们形成有效技能，养成良好习惯。

除了日省周评，班主任还可以通过抓典型树榜样、进行“十会”师徒结对、培养“十会”评价小助手、颁发“十会”小奖状等方式，让越来越多的孩子掌握“十会”技能。

4. 习惯培养重细节——“十会”达成标准

教育在细节中产生力量，没有细节就没有教育。细节越有可操作性，就越有利于学生养成良好的习惯。比如把雨伞放到如图所示的伞架上，教师在指导时要给孩子们提出如下详细要求：买短柄伞，在伞柄上贴上姓名贴，收束好伞，把伞放入与自己学号对应的位置，摆放时伞柄朝外。

在“十会”技能养成的过程中，教师要有高标准意识，这种意识就体现在对细节的关注上。

5. 习惯培养动力加持——“十会”成果展示

当学生掌握“十会”技能、养成“十会”良好习惯之后，学校可以在10月中旬举行家长观摩开放日活动，让家长成为学生“十会”成长的观察员，在11月中旬举行“会听说”的达标考核活动，在12月月底举行“为成长喝彩”的“十会”成果展示典礼。通过这三次活动来持续不断地为学生的习惯养成增加动力，巩固“十会”成果。

6. 习惯培养跟进评价——“十会小学生”荣誉

一年级第一学期的整个学期中，班主任和科任教师通过运用“十会奖励章”“十会沟通桥”“学校十会章”“十会展示台”“周十会小学生”等方式来记录与评价学生的“十会”成长表现。

通过“十会小学生”这一荣誉的评比，把“十会”技能的培养与良好习惯的养成贯穿在整个学期。

二、实施节点

在“十会”培养的过程中，入学第一个月——9月，是最关键的节点，是“十会”教学的培养训练月。在这一个月中，教师通过课堂讲授、示范、观看视频、在校训练以及回家练习等各种方式，让学生知晓标准，并按照标准反复练习以习得技能。

在这个培养训练月中，“十会”技能的训练不是同时进行的，而是根据需要渐次展开的，且有所侧重。我们先教学生最迫切需要掌握的“十会”技能。比如，入学第一天的早上先进行“会排队”的训练，因为学生在这一天要参加极其重要的开学典礼，首先要“会排队”。入学第一周主要进行“会排队”“会走路”“会吃饭”“会睡觉”的教学与训练。有的班主任把培养训练月每一周的教学侧重点（即“十会”培养展开图）安排如下。

9月培养训练月	
第一周	会吃饭、会睡觉、会排队、会整理
第二周	会问好、会听说、会走路、会求助
第三周	会打扫、会游戏
第四周	巩固

10月、11月是“十会”技能的巩固考核月，其中10月中旬是“十会”培养的第二个关键节点。习惯养成不是一蹴而就的，尤其是对于一年级的学生而言，缺少内在动力，需要我们通过各种外在的方法来鼓励促进。经过一个月的训练，到10月，学生容易进入“十会”技能巩固的“疲软期”。为了消除这一现象，让学生初步形成的“十会”技能与良好习惯进一步得到巩固与改善，学校在10月中旬举行家长开放日活动，让每个家长成为孩子“十会”成长的观察员，记录孩子努力的成果。继开学典礼之后，这一活动让学生的“十会”成长进入第二个高地。

在习惯的养成中，我们认为“会听说”非常重要，只有会听说的孩子才会学习，但是相比较而言，“会听说”较难培养。所以，我们在11月中旬安排一个校级考核活动，考核孩子们在报告厅的“会听说”情况。这一活动，让学生的“十会”成长进入第三个高地。

12月底，学生“十会”成长进入第四个高地。学校通过举行“为学生成长喝彩”典礼的方式，让各班学生用节目表演展示“十会”成果，使学生的“十会”技能进一步得到提升，“十会”习惯进一步得到强化。

从次年的1月开始，学生的“十会”成长进入了第五个关键节点——为获得学期末的最高荣誉“十会小学生”称号而努力。教师通过有仪式感的活动来进一步激发学生想获得荣誉的动力，同时通过师徒结对、播放“十会”好榜样的照片、开展有仪式感的小结表彰会等各种方式，来帮助那些比较薄弱的孩子在学期的最后一个月中完善自己，以最终获得“十会小学生”的荣誉。

三、交流研讨

学校不定期组织教师进行“十会”实施的交流，让教师共享智慧。一般可以组织召开如下研讨会。

“十会”研讨会	
8月初	“十会”培训研讨会
8月下旬	“十会”备课交流会
8月底	“十会”落实之家长培训会
9月	“十会”落实之每周1次交流会
10月下旬	家长开放日活动交流会
次年1月	“十会”实施总结会

实施效果

“十会”入学课程在学校开展近八年来，学校教师和学生从理念到行为都有了较为彻底的转变，可以说，实践探索取得了较为显著的成效。

一、实践成效

我们根据“十会”课程评估体系，利用相关的评价表，对“十会”课程的实践成效进行了定性定量的分析、整理，发现其塑造了教师对于习惯养成的正确观念，减少了学生在校生活的挫折感，提高了教师和学生的课堂质量，改善了家校合作的模式。“十会”入学课程的实践，在一定程度上促进了教师的专业发展，转变了家长的教育观念。

1. 重新塑造教师对行为习惯培养的观念

在许多教师原来的观念中，行为习惯的培养应该是班主任的责任，因此非班主任教师往往会对此不以为意。而“十会”课程在开发之初就将所有的教师纳入实施主体中，并且分配给每个科任教师相应的教学和训练任务，凝聚了教育合力，将习惯的培养深入到每个学科中，真正做到全科育人、全员育人。例如，我校一年级每个班都有3名负责分饭的教师，同时学校的后勤工作人员也会随班进行班级管理。虽然后勤人员并非班级的科任教师，但是仍然要承担“十会”教学中“会吃饭”“会整理”“会打扫”等内容的教学和训练。这样的操作模式重新塑造了教师对于行为习惯培养的观念，让全员育人深入人心。

2. 有效减少学生校内生活的挫折感

在实施“十会”入学课程之前，我们发现，刚入学的小学生在行为习惯养成中缺乏自主意识。尽管他们之前在幼儿园已经接受过一些行为习惯养成的引导，但由于年龄小、认知能力弱，进入小学以后，他们一时难以适应环境的变化及要求的增多，会出现一些自由散漫、不遵守纪律的现象。再加上如今学生的生活条件往往都比较好，几个大人围着一个孩子转的现象并不少见，导致很多学生依赖性强、独立性差，被动性强、主动性差，做事缺乏坚定的意志和毅力。很多在大人看来轻而易举的小事，如吃饭不掉饭粒、整理书包等，这些学生往往都做不好，因此而受到批评，大大加深了他们的挫折感。

“十会”入学课程实施后，教师和家长专门针对生活和学习中常见的“小事”进行教学和训练，帮助学生掌握技能，从而减少了学生因为“小事”挨批的频率，提高了学生的成就感，不仅帮助他们建立了文化课学习的自信心，更使他们对“十会”的学习充满激情。

3. 显著提高师生的课堂质量

实施“十会”入学课程以来，家长普遍感受到孩子经过学习和训练后，能尽快消除外部环境改变带来的学习断层，更快适应小学的学习生活。教师则感受到学生经过一个月的训练后，显著提高了课堂上听课的效率，最明显的表现为听说习惯良好——听的时候，能做到眼睛注视发言的人；说的时候，能大声清晰地表达自己的意思。“会整理”也让课堂学习的质量明显提高，课堂上少了东翻西找学习用品的现象，有效减少了时间的浪费。经过“十会”训练的学生在升入更高年级后，良好习惯的益处更加显现出来。2016届学生升入三年级后，新的任课老师感受深刻，认为这批学生能安静地听、大胆地说，整个课堂动静结合、灵动活泼。这一届毕业生，实现了我们所期待的教育成果——越长大，习惯越好。

4. 大大降低校园安全事故的发生概率

“十会”入学课程实施以来，校园安全事故发生的概率大大降低，这得益于“十会”培养了学生良好的行为习惯。“十会”内容中，“会排队”“会走路”的训练就出于对学生校园安全的考虑，为配合这两项内容的训练，我们还提出了“非运动不奔跑”的要求，让学生在校园中款款而行；“会游戏”“会求助”的训练，则将最容易发生安全事故的隐患消灭在事前，让学生不仅能选择文明、安全的游戏进行玩耍，当遇到困难时也能及时向老师、同学求助。这些技能和习惯的养成大大增加了学生的文明行为，从而降低了校园安全事故发生的概率。我校也在2018年被评为“浙江省安全校园”。

5. 大力提升家校合作的成效

“十会”课程非常重视家长的参与和配合，倡导家校合一的教育理念。在编撰“十会”教材时，我们就从“在校”与“在家”两个维度进行设计与评价。例如，在“会睡觉”中，就明确提出了在校与在家睡觉的不同要求。“十会”考评手册也分别从教师与家长角度，建立了日省、周评、月考的评价模式，统一了评价的标准。对于家长而言，“十会”课程是一本《新生家长入学手册》，能在最短的时间内让家长明确家校配合的方向和方法，对家庭教育具有实质性的指导作用。“十会”课程增强了家校教育的合力，改善与提升了家校合作的模式与成效。

二、借鉴意义

“十会”入学课程实践至今，希望能够在如何培养习惯上给教育同行们一些有创新意义的借鉴。

1. 诠释儿童德育的新理念——儿童德育始于行

“少成若天性，习惯如自然。”儿童德育始于行。

因此，儿童德育的有效落地应遵循儿童身心发展的特点，从尽早帮助儿童养成良好的行为习惯开始。在我们学校，一年级学生开学第一个月的主要学习内容不是拼音、生字、计算等教材上的知识，而是学习“十会”，即学会十项小技能、养成十个好习惯——会吃饭、会睡觉、会走路、会排队、会听说、会游戏、会问好、会求助、会打扫、会整理。培养学生“十会”习惯，学校做得入细入微、脚踏实地。

2. 改变育人的意义——从“杀虫式”育人到“培植式”育人

我们发现，许多班主任在管理班级时都存在一个相似的问题，即当学生产生问题后再进行批评教育，我们称之为“救火式管理”。这样的管理模式往往让教师陷入琐碎事情的处理中，到处充当救火队员，但效果并不理想。这就是《礼记·学记》中所说的“发然后禁，则扞格而不胜”。同时，我们的学生则往往因为一些“小事”而被批评：如地扫不干净，东西丢三落四，抽屉不整洁，吃饭挑食、动作慢，等等。很多时候，教师会将原因归结为当今的孩子依赖性强、独立性差，被动性强、主动性差，做事缺乏坚定的意志和毅力，心理承受能力和自我管理能力差等。我们似乎没有意识到，孩子做不好这些小事，是因为他们从没有系统地接受过相关的学习和训练。因此，我们的教育往往陷入

“发现问题→批评教育”的事后教育境地，即“杀虫式”育人模式。

“十会”习惯的培养，让育人的模式发生根本性的改变——从“杀虫式”育人变为“培植式”育人。

这种改变如下图所示：

育人模式转变表

	“杀虫式”育人		“培植式”育人
时间节点	事后	变为	事前
处置方式	应急		计划
教师心态	训诫		商量
学生心态	惶恐		安定

3. 确立习惯养成的标准——从随性的描述到正确的示范

习惯养成需要确立一个标准，然而在实践中，许多班主任和老师往往喜欢进行口头教育，缺乏操作示范。这样的口头描述往往容易在理解时出现偏差，所以经常听到教师训斥学生“和你说了这么多遍还是做不好”。出现这样的情况，原因在于口头描述往往具有随性的特点，会受到环境、时间、描述者心情等因素的影响而发生改变，这样的培养标准不利于学生形成良好的行为习惯。而“十会”课程将口头的描述变成文字的记录，确立了每一项技能、每一个习惯的标准。同时将每一“会”拍成微课，将文字标准转化为影像资料，用图像表达每一“会”的正确动作，为学生建立了统一的标准。在这样的标准下对学生进行训练，才能保证他们养成良好的行为习惯。

4. 规定习惯养成的时间——从随意零碎到确定规范

养成一个良好的习惯大概要一个月，并且要在具体的生活实际中反复训练、长期强化，才能达成。我们在国内外的同类研究中发现，实施时间比较短的习惯养成，容易出现反复，不易形成“个体习得的自动化动作、行为方式和反应倾向”。受到教学任务的限制，班主任往往只能利用零碎的时间进行习惯培养，这样的时间长度显然不能让学生形成稳固的行为习惯。我们将“十会”课程习惯养成的时间确定为一年级的第一学期，并将入学第一个月固定为习惯养成的重点时间，这一个月中又根据具体的进度划分为不同的时间节点，确保学生习惯养成有充足的时间。

“十会”课程9月实施进程

时间	周次	内容	说明
9月	第一周	集中学习“十会”内容，各学科根据分配的任务进行教学、训练	本周不上教材内容，课堂统一进行“十会”教学
	第二周	集中训练“十会”内容，各学科结合学科特点进行“十会”训练	本周根据“十会”内容适当进行教学
	第三周	“十会”内容过关检测，根据检测结果进行改善练习	本周根据教学内容进行“十会”内容的训练
	第四周	“十会”内容第一次月考，合格者进行巩固，不合格者进行教学、训练	本周根据月考结果有针对性地进行“十会”内容的教学和训练

在接下去的10月到次年1月期间，“十会”内容都是日常的训练重点。这样长时间的培养，才能确保学生在一年级掌握技能，养成良好的行为习惯。

第三章

习惯培养的实施

会吃饭

◎ 虞爱丹

导语：民以食为天。吃饭是我们的头等大事，要怀着感恩之心去吃饭。饭吃好了，人就会健康有力；饭吃“坏”了、吃撑了，学习也会受到影响。学会吃饭，非常重要。

一、培养目标

养成良好的进餐习惯，会自己吃饭、专心吃饭，不抢、不挑、不剩、不掉、不响、不拖拉。吃完饭后，会将餐具有序地摆放到指定位置，保持桌面、地面、嘴角、衣服的整洁。

在校：吃饭前，先洗手，排队领，动作轻。专心吃，不说话，不挑食，不剩饭。吃好饭，收碗盘，擦净嘴，桌地净。不跑不跳保健康。

在家：吃饭前，先洗手，爸妈忙，应等候。不挑食，不浪费，讲礼仪，敬长辈。吃好饭，擦净嘴，收碗筷，椅放回。

二、培养过程

本着先整体示范，再逐项优化，最后在评价中巩固提升的原则，将“会吃饭”的学习计划安排如下：

时间	内容
第一天上午第四节课	初学“在校文明用餐七步法”
第二天	优化“一收”“二洗”
第三天	优化“三排”“四吃”
第四天	优化“五倒”“六洁”“七不”
第五天	整体操练与评价

［说明］第一天的学习放在第四节课，如果不是班主任的课，就请任课老师配合教学。后面几天的具体教学时间可以视班级情况而定。如果第一天掌握得好，那么把优化教学放在午饭时间进行；如果哪方面问题较多，那么另外安排时间强化这方面的练习。

1. 初学“在校文明用餐七步法”

（1）请学生观看《会吃饭》的视频，作为整体示范。

（2）看完后请学生讨论：视频里的小学生吃饭，有哪些地方做得特别好？

（3）学生讨论，发现优点。

桌面收拾得干净，等待安静

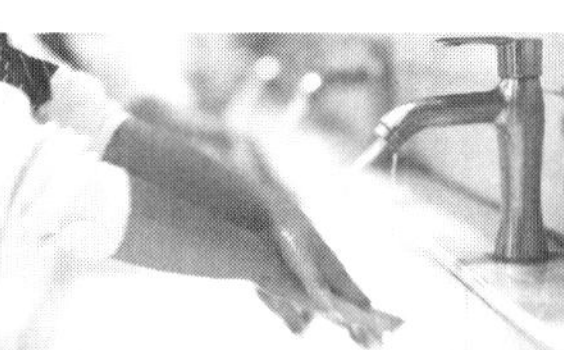

洗手认真，洗得很干净

排队领饭菜很有序

吃饭专心、安静，不说话

不挑食，不剩饭，倒骨头时餐盘刮得很干净

吃饭后桌面、地面很干净

（4）跟着视频学一学。

（5）编成七步口诀，请学生记在心里。

（6）学生读记“在校文明用餐七步法”——一收，二洗，三排，四吃，五倒，六洁，七不。（可以贴在黑板一侧）

［说明1］视频里盛饭在教室外进行，而实际在教室内进行比较方便。教室内排队可以这样排：左边上，右边下。吃完后，从右边排队倒骨头，放餐盘，领餐巾纸、奖章等，从左边下回座位。

［说明2］视频中有餐垫，用餐更有仪式感。但在实际操作中，没有更方便。

2. 优化“一收”“二洗”

（1）用儿童歌曲《讲卫生》导入。

（2）请学生讨论：吃饭讲卫生要怎么做？

（3）学习两个卫生小本领——“收”“洗”。

（4）老师示范轻、快地把学习用品收入书包。

（5）请学生跟着练一练。

（6）看《洗手七步法》视频，看图示。

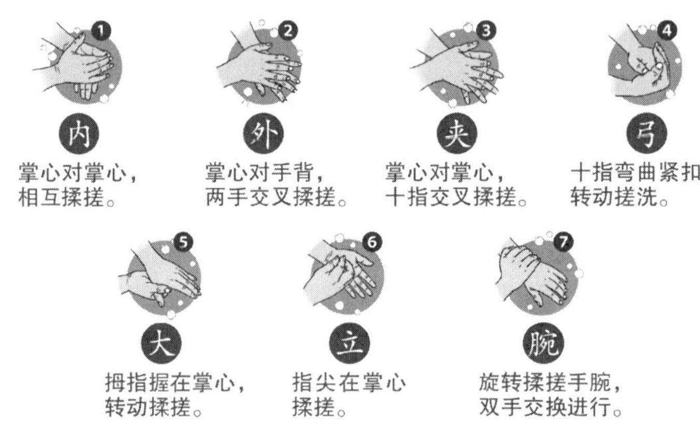

（7）念着“内外夹弓大立腕”的七字诀学会洗手。

（8）在吃饭时操练，老师做好观察、指导与评价。

3. 优化“三排”“四吃”

（1）排队的要求是：排队静、齐、快，左边上，右边下，队伍整齐不相撞。手拿餐盘两侧中间点，盛饭格朝内，勺朝右。餐盘端稳，搭在餐车上，不撞、不撒、不匆忙。

（2）通过图示小贴士掌握排队的要求。

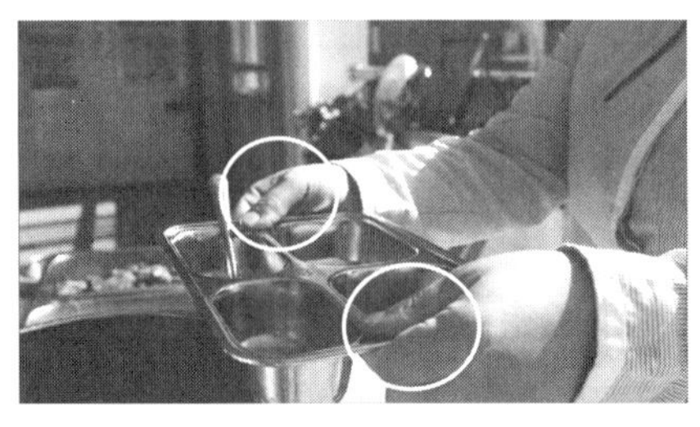

（3）吃的要求是：不敲瓢盆，头不乱转，安静专心能光盘。

（4）通过学习“食不言”的好处，遵守吃的规则。

小贴士

我们应该“食不言”

吃饭时说话会使咀嚼食物的次数减少，唾液分泌减少，影响消化系统工作。安静吃饭能预防噎食，安静吃饭能营造一个舒适的就餐环境。

4. 优化“五倒”“六洁”“七不”

（1）用儿歌让学生记住要求：掉饭掉菜用纸包，骨头瓜皮放一格。纸巾对折擦净嘴，桌面勤擦不油腻。

（2）饭后引导学生进行一些比较安静的活动，落实“七不”，如阅读等。

5. 整体操练与评价

（1）第五天，“会吃饭”的本领学完了，让学生比一比谁吃得最安静、最干净、最光盘，奖励一枚小奖章。可配合儿歌整体操练。

准备时	盛饭时	吃完后
专业课回后门进， 放好学具去洗手。 后门出，后门进， 让出前门布环境。 餐车对准左通道， 餐具放在左讲台。 饭菜盖子车内收， 摆好饭勺坐端正。	小手放平脚并拢， 安静等待得第一。 左边上，右边下， 整齐有序不逆向。 到位轻拿盘和勺， 勺放饭格朝自己。 手拿两端中间点， 高度与框一样高。 盛饭对准饭桶上， 盛饭盘放餐车上。 无缝衔接不掉菜， 干干净净齐用餐。	低头吃饭不抬头， 不说不理享美食。 不挑食，不剩饭， 空出一格装骨头。 吃好饭，收碗盘， 右边排队轻轻刮。 餐盘对准叠整齐， 擦净小嘴和桌子。 垃圾入桶要分类， 静净尽者得奖章。 不跑不跳保健康， 看书游戏最开心。

（2）从第二周起，每周都进行评比，激励学生保持“会吃饭”的好习惯。

（3）参照教材中的要求和小贴士，启动在家的评价。

（4）评价标准可参考下面的评价表。

	评价标准	周一	周二	周三	周四	周五
在校	静（安静）					
	净（干净）					
	尽（光盘）					
	敬（礼仪）					
在家	净（干净）					
	尽（光盘）					

三、效果及反思

在“会吃饭”的习惯培养中，通过第一周五天的合理规划，将“在校文明用餐七步法”落实到位，再通过评价巩固习惯的养成。整个过程看似烦琐，实际却很有条理，孩子们个个吃得井井有条、得心应手，午餐管理省时高效。

但随着孩子年龄的增大、心智的成熟，他们的主观意识也会变强，可能会受挑食、减肥等因素影响，改变饮食结构。为了让孩子们保持“会吃饭”的好习惯，建议之后继续不定期举行“吃饭好习惯”的相关活动。

具体可以参照以下活动：

（1）读绘本《我不挑食》。

（2）唱儿歌《蔬菜进行曲》《乖乖吃饭》。

（3）议新闻“2022：前所未有的饥饿危机正在全世界蔓延”。

（4）看纪录片《水果传》《早餐中国》《舌尖上的美味》。

（5）画膳食结构金字塔。

老子说，天下大事必作于细。只要心中有高标准，就能用细节预防和解决问题，成就“十会小学生”。有“十会”赋能，有情怀护航，有科学保障，一定能让吃饭成为一件幸福的事情。

会睡觉

◎ 林梅娇

导语： 睡觉是每个人每天都要做的事情，睡眠与我们的健康有着密切的关系。传统中医学里有一句话："药补不如食补，食补不如睡补。"睡得好，便胜过一切养生良药。

笋在夜里拔节，人在梦中长个。会睡觉，对学生的成长至关重要。要做到该睡的时候睡，不该睡的时候不睡，早睡早起，不睡懒觉。

一、培养目标

"会睡觉"习惯的培养分两个部分来进行，第一部分是"在校午睡"，第二部分是"在家晚上睡觉"。这两部分的具体要求有所不同。

1. 在校午睡的具体要求

（1）睡前有准备。

①午睡预备铃响，迅速上好厕所。

②准备好眼罩、枕头、小被子等寝具。

③拉好窗帘，关上电灯。

（2）睡时有规矩。

①不说话，不发出任何声音。

②闭上眼睛，戴好眼罩。

③手脚不乱动。

（3）睡后有整理。

①叠好被子，将被子、枕头、眼罩等寝具装入袋子。

②把袋子整齐地放入柜子。

2. 在家晚上睡觉的具体要求

（1）睡前有准备。

①准备好第二天要用的学具，装进书包。整理好书包，放在合适的位置。

确定起床时间，调好闹铃。

②准备好第二天要穿的衣服、鞋袜等，摆放在床边。换好睡衣，将换下的衣服在合适的位置摆放整齐。

③刷牙、洗脸，上好厕所。

④拉上窗帘，铺好被子，关灯上床。

（2）睡时有规矩。

①独立入睡。

②睡姿正确：身睡如弓效果好，向右侧卧负担轻。采取侧卧式或仰卧式睡姿，不俯卧或蒙头睡。

③尽量睡足10小时，建议21:30之前睡觉。

（3）睡后有整理。

①闹铃一响就起床，自己穿衣。

②整理床铺，把被子叠整齐。

二、培养过程

1. 在校午睡的习惯培养过程

（1）初步实践（开学第一天）。

①分享绘本故事《嘘，午安》，组织学生讨论：你喜欢皮皮吗？为什么？你认为午睡时应该怎么做？

②观看《会睡觉（在校篇）》视频，学习在校午睡的具体要求第1、2两点。

③读背儿歌，了解“在校午睡”的具体要求：

听见铃声，快进课堂，拿好枕被，关好门窗。

双手在下，脸向侧方，小眼闭上，不动不响！

④睡前做好准备。睡前上厕所：便入坑，纸入篓；及时冲，洗净手。把装寝具的袋子拿到座位上，拿出被子、眼罩、枕头放在桌面，将袋子放进课桌抽屉，准备好寝具。拉好窗帘，关上电灯。

⑤学生午睡，老师提醒：闭上眼睛，戴上眼罩；不说话，不发出任何声音；手脚不乱动。（睡觉时间大约30分钟）

⑥睡后整理：叠被子，并将被子、枕头和眼罩整齐地塞进袋子，放入

柜子。

[说明] 以上是针对学生趴着睡的具体做法。若是躺在地上睡的，午睡的具体做法则有所不同。

（2）扶弱、巩固（开学第一周）。

①午睡铃声响，学生边背儿歌边做准备。

②学生午睡。老师巡视，并提醒和帮助入睡有困难的学生。

③午睡下课，及时点评，表扬能按要求午睡的学生，在《沟通桥》上敲印章，在班级群里积极表扬。

[说明]《沟通桥》为家校联系手册。

（3）优化、考核（开学第二周及之后）。

根据班级的实际情况进行细微的调整和优化，每天利用午睡记录表进行考核。对连续一周都能按要求午睡的学生，奖励“会睡觉”的“十会”奖章。

“会睡觉”考核表（在校午睡）

	有准备	有规矩	会整理
周一			
周二			
周三			
周四			
周五			

针对躺着睡和趴着睡的不同之处，这里用午睡要求的儿歌简要介绍，儿歌调整如下：

铃声响，到走廊，先排队，再脱鞋，摆整齐，进课堂。

拿枕被，关门窗，排队躺，眼闭上，手脚安，睡得香。

2. 晚上在家睡觉的习惯培养过程

（1）请家长明确学生晚上在家睡觉的具体要求（开学前家长会）。

具体要求参见“一、培养目标”。

温馨提醒家长：从9月1日开始，根据在家睡觉的具体要求，对孩子的睡觉情况做一个记录，并在《沟通桥》的表格里进行反馈。

（2）请学生明确在家睡觉的具体要求（开学第一天最后一节课）。

①观看视频《会睡觉（在家篇）》。

②师生讨论小结：在家睡觉的具体要求有哪些？

③读背儿歌，巩固记忆：

树上小鸟静悄悄，园里小花轻轻摇。洗脸刷牙上厕所，时间一到就睡觉。

脱下衣服摆整齐，床前小鞋排成对。轻轻盖上小花被，闭上眼睛手放好。

独自一人睡得香，梦见妈妈对我笑。

④布置家庭作业：请学生按要求在家睡觉，请家长在《沟通桥》上利用考核表进行反馈。

“会睡觉”考核表（在家睡觉）

	有准备	有规矩	会整理
周一			
周二			
周三			
周四			
周五			

⑤根据家长反馈，每天及时表扬做得好的学生。

（3）结合午睡情况，进行考核（第二周开始）。

“会睡觉”考核表

	有准备		有规矩		会整理	
	在校午睡	在家睡觉	在校午睡	在家睡觉	在校午睡	在家睡觉
周一						
周二						
周三						
周四						
周五						

从10月起作息时间改变，“会睡觉之在校篇”就结束了，“会睡觉”的习惯

养成从此以在家培养为主。之后的习惯养成主要结合每周的“十会小学生”评比活动进行持续激励。通过一个学期的训练、巩固，让“会睡觉”成为每个孩子的良好习惯。

三、效果及反思

1. 部分家长反馈

（1）小方家长：自小学入学后，小方在睡觉习惯方面有了明显的改善，一个学期下来，他可以在周日至周四每天晚上9:30之前关灯睡觉、早上7:10准时自己穿衣起床，睡觉前还会自己独立进行刷牙、洗脸、洗脚等简单的漱洗了。

（2）小杨家长：幼儿园期间，小杨和父母一起睡，需要妈妈帮她放好第二天要穿的衣服，上床后还要陪伴半小时以上才能睡着，入睡比较困难。在校的午睡也经常不睡或者睡的时间比较短。但上小学后，她主动要求并已顺利完成和父母分床睡。睡前洗漱完毕，能自己把脱下的衣服叠好放在床边柜子上，如果要换就放在洗衣机上，还会自己准备好第二天要穿的衣服。一般于晚上9:00—9:30入睡，基本上5～10分钟就能睡着。第二天早上6:30被闹钟叫醒，自己起床穿衣洗漱，早读打卡，不需要妈妈催促了。变化真的挺大。

2. 几点反思

（1）要有清晰的要求，更要有手把手的指导。

一定要让学生明确具体做法，而不仅仅是对他们提要求。学生只有知道怎么做，才可能把事情做好。特别是要在开学前的家长会上与家长进行沟通、达成共识，这很重要，要让家长对“会睡觉”的具体要求非常清楚，以便耐心地指导孩子“睡前洗漱”“物品摆放”“整理床铺”等一些具体的做法。

（2）允许学生的“慢”和“反复”。

有些学生的接受能力比较弱，有些学生可能今天做到了，明天又坚持不了了，这些现象都是正常的，需要教师和家长有足够的耐心，坚持不懈地反复训练。同时对孩子的表现要有及时的反馈，反馈主要以鼓励和表扬为主。

（3）善用身边的榜样。

对于一开学就已经有良好睡觉习惯的孩子，或者是那些几天之内就能达到考核要求的孩子，可以提前把“会睡觉”的“十会”奖章颁发给他们，并利用照片、视频等资料，把他们的好习惯分享给班里的其他孩子，形成榜样引领的作用。

（4）用上“小贴士”助力习惯培养。

虽然我们对学生提出了明确的要求，也进行了充分的训练，但可能还是会碰到一些不能按要求好好睡觉的学生。这时候，可以考虑利用一些“小贴士”，帮助学生好好睡觉。

①利用一些新闻或科学小视频等，让学生明白：睡眠是维持生命的必需过程，是一种生物节律，是人类不可缺少的一种生理现象。人的一生中约有三分之一的时间都是在睡眠中度过的，要保证充足的睡眠。睡眠不足，有可能会产生影响智力发育、造成身体矮小、降低抵抗力等不良影响。

②睡觉前播放舒缓的音乐或睡前故事等，营造一个良好的睡觉氛围。

小贴士

推荐故事：《小羊睡不着》《睡觉吧，68号羊》《好困好困的故事》《该睡觉了，小熊奥菲》……

③和学生玩“挑战游戏”，赢得挑战的学生可以得到一个小奖励。

小贴士

“挑战游戏”：我是一个木头人，不睁眼不说话，超过（　　）分钟，我就是大赢家。

④对于精力旺盛，晚上入睡迟、白天也不觉得困的学生，建议他们加大运动量，既可以锻炼身体，也可以让自己睡得更香。

会走路

◎ 盛苗

导语：走路，有很多种形式：有一个人走路，一群人走路，一队人走路；有走在平地上，走在楼梯上，走在洼地里；有慢走，快走，正步走，齐步走；有一个人随意走，万众瞩目下展示走……

不同的路，不同地走，我们慢慢来学会。

一、培养目标

1. 具体要求

（1）走路姿势正确。

（2）行走时注意力集中，不推不挤，注意场地安全。

（3）遵守日常行走规则：

校内：非运动，不奔跑；遵守学校不同场所的行走规范。

校外：能看懂公共场所的常见标志，规范行走。

2. 周期目标

周次	内容	训练侧重点
第一周	学习要求	知晓具体要求
第二周	养成习惯	遵守不同场所的行走规范
第三周	巩固习惯	在不同的场所走出气质
第四周	考核评价	各科任教师和家长一起进行评价

[说明] 对于“训练侧重点”中的各项内容，可以根据学生实际情况适当调整顺序。

二、培养过程

1. 在校篇

（1）明白正确站立的重要性。

不正确的站姿，会让身体远离正常的重心位置。看似舒服的姿势，却会使肌肉、肌腱、筋膜或支持身体的骨骼架构因承受压力的变化，产生结构改变或受伤，如椎间盘突出或退化、椎骨质增生等。

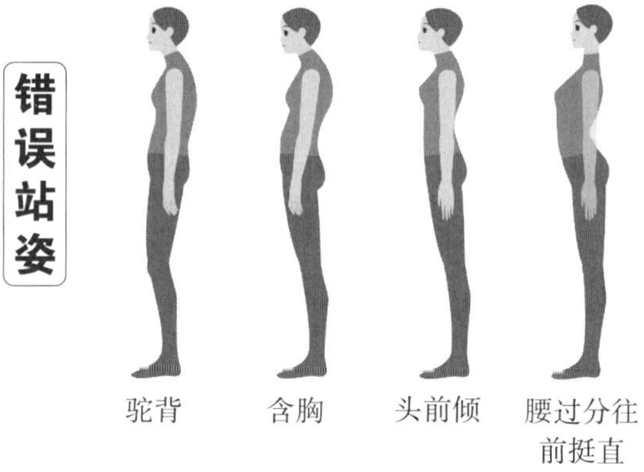

错误站姿

驼背　含胸　头前倾　腰过分往前挺直

脊椎是我们人体的主干，从上到下排列为颈椎、胸椎、腰椎、骶椎及尾椎，可以支撑人体完成各种姿势，对人体健康影响很大。所以，不要让看似舒服的姿势，增加对脊椎、肌肉及其他骨关节的伤害。养成良好的站姿，其实并不会耗费太多精力，而且正确的站姿对人体的负担比较小，使人站久了也不容易觉得累。

正确站姿的关键如下：双脚与肩同宽，眼睛直视前方，让脊椎自然向上延伸但不过度用力，可以想象身体中有一条中心线从头部贯穿至骨盆、膝盖之间，使身姿挺拔。

（2）了解正确行走的重要性。

错误的走路姿势不仅会增加身体负担，还可能导致肩膀僵硬、腰酸、背痛、膝盖疼、小腿肿等各种身体问题。

而正确的行走姿势，不仅有益健康，还可体现个性气质、文化修养及美学神韵。

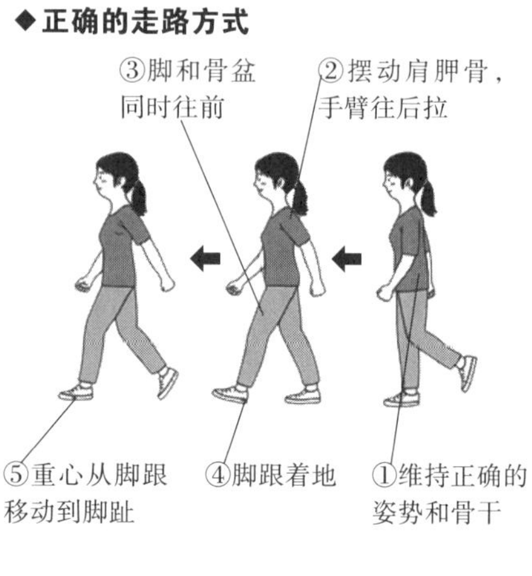

◆正确的走路方式

③脚和骨盆同时往前

②摆动肩胛骨，手臂往后拉

⑤重心从脚跟移动到脚趾

④脚跟着地

①维持正确的姿势和骨干

(3) 知晓走路的基本要求。

①观看视频《会走路》。

②师生讨论交流：

A. 在楼梯上行走，要做到：

一二三四五六七，上下楼梯要注意；
不要打闹不嬉戏，靠右行走是规矩；
先后有序不着急，不滑栏杆不拥挤；
瞻前顾后莫拥挤，你推我挤最危急；
有人跌倒快扶起，安安全全下楼梯。

B. 在马路上行走，要做到：

走路要走人行道，过路脚踩斑马线；
红灯停，绿灯行，来往车辆仔细瞧；
车行道上不玩耍，人行护栏不跨越；
身背书包不闲逛，轻易不理陌生人。

(4) 牢记走路的儿歌。

走廊教室，有礼慢步走；
做操整队，挺胸齐步走；
专课进出，小声集队走；
上下楼梯，有序靠右走；
见到师长，让路请先走；
课间休息，文明慢慢走；
遇到拥挤，等等有序走。

(5) 掌握不同场合的操作步骤。

①集会时：

时间	要求	训练方法
开学第一天	不撞到前面的同学；不踩到前面同学的脚后跟	教师口述要求
开学第一周	不东张西望、不讲话	使用口令；适时表扬

续表

时间	要求	训练方法
开学第二周	和前排同学保持半臂距离；紧跟队伍不掉队；挺胸齐步走，把队伍走整齐	拍摄视频，适时复盘
第三、四周	巩固练习	拍摄视频，适时复盘

②上专业课时：

学科	要求	训练方法
美术	不牵手的一边背袋子	第一、二周，由科任教师在前面带队，班主任在后面护送；第三、四周，巩固练习
体育	听着口令进操场	
音乐	不牵手的那只手拿书，走出节奏	

③其他场景下：

场景	训练时间	要求	训练方法
走廊、楼梯	上专业课、集会时	走廊楼梯靠右走，不嬉戏、不打闹、不奔跑，不滑栏杆	上专业课时进行重点练习；拍摄视频，及时复盘
放学	开学第一天的最后一节课、之后每一天的放学时间	眼看前方，脚踩直线，不掉队，不碰撞，左手拿伞，右手提物	放学前一节课进行踩点训练
教室	根据实际情况进行	与“会求助”“会问好”结合	创设情境练一练

2. 校外篇

（1）知晓基本要求。

①观看绘本故事《11只猫做苦工》，知晓走路要看路标、要讲规则。

②学会看常见的路标、路牌。

厕所

电梯

问讯处

安全出口

禁止喧哗

③能够维护环境卫生，不边走边吃，不随地吐痰。

④不尾随围观，不看热闹，与陌生人保持距离。

（2）联合家长监督。

告知家长“会走路”的具体要求，请家长监督，随时随地提醒孩子走路要有正确的姿势。

（3）每日考核。

请家长针对孩子的表现，在《沟通桥》上做好记录。

三、效果及反思

小张家长：家长开放日上，看见队伍整齐划一，小朋友们一个接着一个有秩序地走，不见推搡，不见拥挤，俨然一副小大人的模样。

科任教师：现在，我们一年级的孩子朝气蓬勃，排队动作规范整齐，上下楼梯会靠右行，在校园中轻声慢步。这些都得益于“十会”的学习！

会排队

◎ 胡叶红

导语：当很多人同时做一件事时，会产生先后顺序，因此我们要学会排队。排好队，单个人就成了一队人，有了秩序，一队人就成了团队，有了力量。学会排队，找准序位；先来后到，事半功倍。

一、培养目标

常见的队伍及具体要求

常见队伍	排队地点	是否携带物品	用时	技巧	负责人
集会队	走廊	否	1分钟	一、二大组走前门，三、四大组走后门	班主任
专业课队	走廊	是	2分钟	物品统一放在队伍外侧	班主任、科任教师
放学队	走廊	是	5分钟	所有物品都收拾进书包，空出双手	班主任

1. 出操集会排队

（1）按身高由矮到高分成两路纵队，熟记自己的位置，不随便换位。

（2）听到集会音乐时，队长立刻整队，做到静、齐、快。不讲话，不推挤，不做小动作，不东张西望。

（3）按指定路线，安静、整齐、有序地行进。

2. 上专业课排队

（1）带好学习用品，静、齐、快地排好两路纵队。

（2）行进途中保持安静、有序，不吵不闹。

（3）上完课，整理好桌椅，带好学习用品，有序回教室。不跑，不抢先，不叫，不闹。

3. 放学排队

（1）快速、有序地收拾好书包，整理好座位，静、齐、快地排好两路纵队。

（2）行进途中保持安静、整齐，一个跟着一个走。

（3）来到指定位置，跟老师说再见后，再离开队伍。中途不随意离开队伍。

二、培养过程

1. 入学前——“十会”家长培训会

父母是孩子的第一任老师，也是终身教师；家庭是孩子的第一个课堂，也是终身课堂。家庭教育、学校教育、社会教育是教育的三大支柱，三者缺一不可。

为了尽快让家长、学校在孩子的习惯培养上达成共识，在一年级新生入学前，学校就召开新生家长会，让“十会”好习惯植入家长的心中。在第一次家长培训时，向家长展示往届新生在经历了一个月的“会排队”习惯培养的前后变化，树立家长的培养信心。

2. 第一周——做给孩子看（教师示范）

（1）故事导入，明白“会排队”的重要性。

讲故事《不听话的小雁》，通过故事告诉学生：要自觉遵守排队的规则，不掉队，不溜号，否则容易遇到危险。

（2）视频欣赏，直观感受“会排队”。

观看视频《会排队》，直观感受“会排队”。

（3）教师示范，方法指导。

◎集会排队示范教学。

①教师示范排队并讲解要领：出操排队前，课本放抽屉，移凳子不着急，起立往右退一步，轻拿轻放要牢记。排队时，做到静、齐、快。静，就是安静，小嘴巴不说话；齐，就是整齐，小眼睛看后脑勺，队伍排成一条线；快，就是快速，一分钟内排好队。

②学生学习排队、站姿，比一比谁站得好。可以开展“我们都是木头人”

小游戏，规定最后的定格姿势是立正，比比谁站得久。

③教师示范排队行走并讲解要领：按指定路线，一个跟着一个走，走路时不说话、不东张西望。

④开展小游戏：教师说“小手牵起来”，学生边说“我就牵起来”，边牵起旁边同学的小手，变成一列“小火车”向操场出发，比比哪节“车厢”最安静。

⑤教师示范队形变化并讲解要领：到操场先整队，一臂距离散开，眼睛看，小脚动。注意不同场景不同间距，集会时，前后间距半臂；运动时，前后间距一臂。

⑥学生学习变化队形：“一二一二”报数，身体不动，头往右后看，报好数后马上转回来，记住自己的数字。两路纵队变四路，报到“二”的同学，向外跨一步，报到“一”的同学原地不动；四路纵队变成两路，报到“二”的同学往里跨，回到自己的位置。

◎上课排队示范教学。

①了解上课排队和集会排队的区别：去专业教室和去操场的路线不同，并且去专业教室上课时需要携带学习用品，有些教室还要走楼梯。

②准备一个布袋，上课前将专业课的学习用品都放进袋中。预备铃响，马上排队，请值日班长和路队长做好提醒。

◎放学排队示范教学。

①结合“会整理”的训练，提前整理好书包，安静、有序地排队，保持前后距离。路队行进过程中注意不停留、不拥挤、不打闹。

②请家长根据孩子的队伍排成四列纵队在班级等候区等候。学生放学队伍到达家长等候区后，请孩子牵好家长的手，和老师说再见后再离开。

3. 第二周——带着孩子做（教师指导）

（1）读儿歌，学排队。

①排队儿歌：

一二三，快快快，
我们大家把队排。
抬头挺胸向前看，

对准伙伴后脑勺。

不乱歪头不走动，

整齐队伍一直线。

②站姿儿歌：

立正抬头挺胸，

两腿靠拢站直。

小手五指并拢，

放在裤缝两侧。

③行走儿歌：

牵小手，跟着走，前后距离不要变，

不推不挤不乱跑，整整齐齐到操场。

小朋友，排队走，你在前来我在后，

不说话，不回头，老师夸我真优秀。

④专业课排队儿歌：

学习用品准备好，放入袋中不会少。

统一背在右肩上，按时排队要做到。

上下楼梯靠右走，不推不挤秩序好。

教室门口再整队，慢慢进门把位找。

⑤放学排队儿歌：

快速安静整理好，

再把凳子轻轻放。

静齐快，排好队，

走路不声又不响。

规定地点见家长，

挥手道别再回家。

（2）唱歌谣，学排队。

学唱歌曲《我要排排队》，强化排队意识。

4. 第三周——看着孩子做（树立榜样）

（1）会排队，树榜样。

①请排队静、齐、快的同学当小老师进行示范。

②选排队排得好的同学当小队长，站在队伍前面领队。

（2）小游戏，促养成。

①游戏一：小小解放军。比一比谁站得直。

②游戏二：我和家长比一比。比一比学生的放学队伍和家长的等候队伍，看看谁的队伍排得直。

5. 第四周——由着孩子做（正面评价）

（1）训练学生在没有老师的指导下排队、行走。

（2）按表中的评价标准，对学生进行积极的鼓励。

	评价标准
集会队	一星：快速排队，熟记自己位置，不随便换位
	二星：排队静、齐、快
	三星：按指定路线，安静、有序行进
上课队	一星：上课铃响，带好学习用品，静、齐、快排好两路纵队
	二星：行进路上安静、有序，不吵不闹
	三星：上完课，整理好桌椅，带好学习用品，有序回教室
放学队	一星：快速收拾好书包，整理好座位，静、齐、快排好两路纵队
	二星：行进途中保持安静、整齐，一个跟着一个走
	三星：来到指定位置，跟老师说再见后，离开队伍

6. 开学第二个月及之后——巩固提升

（1）家长开放日。

通过一个多月的习惯培养后，学校开展“为成长喝彩——家长开放日活动”。邀请家长来班里，给予孩子成长的鼓励与支持，同时，请家长作为孩子“十会成长”的观察员，记录孩子的努力成果。

（2）十会展示典礼。

元旦开展“为成长喝彩——新生十会展示典礼”。请学生通过形式多样、丰富生动的节目向家长展示自己的排队技能。表演结束后，请家长上台给自己的孩子送上爱的拥抱，表示对孩子成长的肯定，为孩子的成长喝彩。

三、效果及反思

通过一个学期的习惯培养，孩子们基本能做到排队静、齐、快。班级队伍整齐了，精神面貌也会变得特别好。同时，孩子们还把“会排队”的好习惯延伸到校外：如春季研学时有序排队上下车、排队参观；购物时排队结账；参观各类场馆时，文明排队入场；等等。

在日常的习惯养成教育中，总结了以下几点做法。

1. 榜样示范，在表扬激励中培养学生的排队意识

法国作家卢梭说过：“榜样！榜样！没有榜样，你永远不能成功地教给儿童任何东西。”对于小学生来说，榜样的力量是无穷的，人人都有当榜样的意愿。因此，不失时机地给学生树立一些“会排队”的小榜样，可以激励他们燃起斗志，从而使他们处处以榜样标准要求自己，期望自己也成为他人的榜样。

2. 活动助力，在寓教于乐中强化学生的排队习惯

俗话说：“活动，活动，班级要想‘活’就要让学生动，没有活动，就没有教育。”小学低段的教育对象是儿童，他们的抽象思维能力还不够完善，形象思维仍占主导地位，所以，运用丰富多彩的活动寓教于乐是一条十分有效的育人途径。

会听说

◎ 陈丽艳

导语：会听说，即会倾听和会说话，它不仅直接影响学生的学习成绩，还在一定程度上影响其能力、性格的发展。

一、培养目标

《义务教育语文课程标准（2022年版）》对第一学段（1～2年级）学生的表达与交流的要求有：能认真听他人讲话，努力了解讲话的主要内容。听故事、看影视作品，能复述大意和自己感兴趣的情节。能较完整地讲述小故事，能简要讲述自己感兴趣的见闻。与他人交谈，态度自然大方，有礼貌。积极参加讨论，敢于发表自己的意见。

这段要求描述的正是“会听说”的培养目标——会倾听，认真听，听明白，能记住大意；会说话，能讲，敢讲，有礼貌地讲，用合适的音量。

一年级小朋友入学后学好本领的前提就是要“会听说”，“会听说”是“十会”能力中最基础的能力，需要自始至终贯穿整个“十会”教育过程。

具体的标准如下：

“会听说”的标准

会听说	会倾听	课堂倾听	双手放平，眼看老师，认真倾听老师的讲课和同学的发言，不做小动作
		操场倾听	排好队伍，立正站直，眼看主席台上的发言人，不交头接耳，认真聆听发言内容
		报告厅倾听	安静入场，轻轻入座，双脚着地，不交头接耳，不随意走动，认真听讲，热情鼓掌
		课间倾听	面带微笑，侧耳倾听，不打断对方的发言，及时回应对方的提问
	会说话	课堂发言	边听边思考，想好后再举手发言，得到允许，轻轻起立，响亮表达想法。同桌讨论，轻声低语，用对方听清的音量即可。讨论完毕，安静就座

续表

会听说	会说话	课间交谈	眼看对方，轻声细语，言语谦和、有礼貌，不说脏话和坏话
		上台发言	立正站直，眼看观众，声音响亮，语速适中，语言有感染力
		家庭交流	耐心听长辈讲话，及时回应，善于分享生活中的快乐，有烦恼时能心平气和地向家人倾诉

二、培养过程

1. 第一课时

（1）用故事导入，以问题引出“会倾听”。

①讲故事《没耳朵的小猴子》。

②考一考，谁是会认真倾听的孩子：①故事的题目是什么？②正确的摘桃子道路是怎样的？③这个故事让你懂得了什么道理？

③总结从故事中获得的道理，引出“会倾听”。

（2）思考讨论，用故事理解“会倾听”。

①提问：该怎样倾听才能找到树林？（板书：仔细听，听清楚）

②请学生复述刚才的总结，并提出表扬和鼓励。

③讨论如何让自己认真倾听别人的发言。（板书：眼睛看，耳朵听，脑子想）

（3）小结回顾，复述故事巩固“会倾听”。

布置家庭作业，请学生回家向家长复述故事，检查认真倾听的效果。

2. 第二课时

我们经常要在不同的地方倾听他人讲话，有时候在教室里，有时候在操场上，有时候在报告厅里，有时候是和同学、老师面对面。这时该怎样倾听呢？

（1）课堂里的倾听。

①请学生跟着一边念儿歌，一边拍手。

课堂倾听，双手放平，

双脚放正，小背挺直，

眼看老师，边听边想，

有不明白，举手提问。

②请学生跟着做一做。巡回检查指导。

③表扬做得好的小朋友，让大家一起来看一看、学一学。

④比一比，在接下来的课堂上，谁做到了“会倾听”。

（2）操场上的倾听。

①请学生自由发言集会时如何倾听。

②总结操场上集会时倾听的要点：排好整齐的队伍，不动来动去、东张西望，眼看主席台上的发言人，竖起耳朵仔细听，发言结束给予掌声鼓励，甚至能复述发言的主要内容。

③请学生一边拍手一边念儿歌：

集会倾听，队伍整齐，

站姿端正，眼看主席台，

听清楚，会复述，

发言结束，响起掌声。

④全体起立，学一学，做一做：站姿端正，眼看老师，鼓掌鼓励。

⑤演一演。请一位同学扮演发言的老师，上台念儿歌。台下同学扮演听众，看看谁学会了在操场上倾听。

（3）报告厅的倾听。

①观看《会听说》视频的“报告厅”部分。

②请学生说一说：看懂了什么？在报告厅倾听和在教室里或者操场上有什么不一样？

③念儿歌：

报告厅倾听，安静有序入场，

找到座位坐下，不和同学讲话，

不走动不站立，安静听赏节目，

结束热情鼓掌，有序安静退场。

④再看一遍视频，学一学。

⑤请学生演一演，巡回检查，表扬谁做得好。

⑥请学生说一说，在电影院里看电影该怎样倾听。

3. 第三课时

（1）学念儿歌，识记要求，用儿歌引领和规范“会说话”。

①儿歌一：

课堂发言，轻轻起立，
站姿端正，发言响亮，
发言完毕，轻轻坐下。
同桌讨论，轻声低语，
讨论完毕，安静就座。

②儿歌二：

课间讲话，语言文明，
轻声细语，不喊不叫，
控制音量，听到就好，
声大烦人，实在不好。

③儿歌三：

上台发言，站姿挺拔，
眼看观众，肩膀放平，
挺胸收腹，脚成丁字步，
吐字清晰，声音响亮。

（2）教师示范、同学示范，学习“会说话”。

①观看示范视频《会听说》。

②示范课堂发言，控制说话音量。

③示范主席台或课堂发言时的站姿和状态：脚踏实地人站稳，双手自然下垂，眼睛看着对方或听众，身体不摇摆，说话声音响亮。

④邀请几名同学上台发言，其他同学进行评价。

（3）布置作业。

请学生在家向家长复述学到的“会听说”的方法，让家长监督。

三、效果及反思

1. 教育效果多方面

不同家庭、不同幼儿园走出来的孩子汇聚在一起，能力、习惯各不相同。孩子们刚入学的那段时间，教室里经常是一团糟。幸亏学校有“先养习惯再谈教学”的育人理念，有“十会”教材为抓手，我们得以系统地开展“十会”好习惯的培养，从容地开启一年级的学习之路。分阶段、分要求，循序渐进，让孩子们知道怎样才是正确的听和说，然后持之以恒地巩固听说的好习惯。慢慢地，班级里的孩子会倾听了，静下来了，能听清楚老师的要求了，教育的效果就事半功倍了；孩子能正确说话了，大喊大叫的少了，课堂上智慧的火花就从师生对话中产生了。好习惯改善课堂的秩序，提升教学的效率。“会听说”的习惯养成了，孩子的学习成绩也就自然而然地提高了。

“会听说”的另一个明显表现就是孩子在家听话了、变乖了，家庭成员之间和声细语了，家庭氛围更和谐了。这些都是“十会”带来的教育效果！

2.“会听说”培养五字诀

一个好习惯的养成不容易，需要老师持之以恒地关注孩子的听说表现，发现问题，及时纠错；需要老师持之以恒地以正确的标准严格要求孩子，不能“三天打鱼，两天晒网”。为了让孩子更好地养成良好的“会听说”的习惯，总结了以下五个方面的经验。

（1）在“趣”字上做文章。

要多给孩子创造一些有趣的机会练习听和说。孩子爱听故事，就常常给他们讲故事，在故事里渗透好品德、好习惯。可以讲完一个故事，问一些问题，考考孩子有没有认真倾听、有没有边听边想；也可以让孩子复述故事，培养孩子倾听和说话的能力。还可以让孩子们表演课文片段、分角色朗读课文，或开展小组诗歌朗诵比赛，把孩子上台朗诵和台下倾听的表现进行综合打分，评选出优胜小组。诸如此类的活动，既丰富了孩子的校园生活，也提升了他们听说的能力，一举两得。要让孩子认真听课，教师的教学就要有趣味一些。就像俞正强校长说的一样，教师的课要上得让学生无法开小差，教学方法就一定要有童趣。特别是对于一年级的小朋友，教师更需要尽量把枯燥的讲授转化成一个个简单有趣的小故事，把知识点编成小儿歌、小故事，激发孩子倾听的兴趣。

（2）在“赏”字上激兴趣。

表扬鼓励永远是教育的法宝。多表扬，特别是具体的表扬，会激发孩子由内而外的学习积极性。看到某位“会倾听”做得好的孩子，老师就说：“大家看，某某小朋友小手放得平平的，小耳朵听得特别仔细，老师讲的每一个字，他都听进去了。真不错！”其他孩子一听就想起来了：对了，“会倾听”是这样做的，我也要像他一样小手放平，小耳朵仔细听。

一些孩子站起来发言声音太轻，由于紧张，还可能结结巴巴、抓耳挠腮、手搓衣角。怎么办？千万不能批评，一批评，孩子们更不敢发言了。这时候，老师要先表扬他能勇敢地举手发言，“很棒”，再鼓励他讲得响亮一些，“来，再讲一遍，不要急，慢慢说，大声说，说清楚”。也可以请一个孩子来示范，再让这个孩子学着说一说。只要他有一点进步，就要肯定他、表扬他，让他有下一次发言的信心和勇气。慢慢地，到了高年级，孩子都养成了响亮表达、出口成章的能力，教师上起课来就非常顺利。如此良性循环，还会有哪个孩子不形成落落大方的“听”与“说”呢？

（3）在“恒”字上下功夫。

“会听说”的习惯并非一朝一夕就能养成，养成好习惯必须持之以恒地给予孩子重视和鼓励。仅靠班主任一己之力是不能做好的，要各科教师齐心协力、持之以恒，用统一的标准和要求，促使每个孩子养成“会听说”的好习惯。语文、数学、英语学科的老师要重视课堂内的听与说，关注学生是否专注地听、正确地说话；体育老师要关注学生在操场上是否能达到操场听说的标准；音乐老师要关注学生是否具备音乐欣赏的能力，更要关注学生是否掌握正确的发音，是否能控制唱歌时使用正确的音量，从而让学生掌握控制音量的能力。

每一节课自始至终关注学生说话表达的能力、倾听的能力。孩子发言的时候，提醒孩子注意站姿、控制音量、注意表达的清晰性；孩子倾听的时候，提醒孩子看着老师或发言的同学，能够复述他人的发言。常常表扬、鼓励做得好的孩子，引导做得不够好的孩子怎样做好。简单的事情重复做，习惯的事情更需要重复地巩固。长期重视并关注，孩子们必定能养成良好的听说习惯。

（4）在“范”字上做榜样。

要求学生做到的，老师自己首先要做到。上课教态端庄，语言亲和，面带微笑，眼神始终和学生有积极的交流，音量适合，以学生能听清楚为标准；学生发言的时候，老师要耐心倾听，用微笑和眼神鼓励学生，能清晰地明白孩子发言的要点，并及时做出积极的评价。言传身教，榜样的力量总是最具有教育力量的。老师一如既往地在学生面前保持正确的听和说，有助于学生良好听说习惯的形成。

孩子好习惯的养成离不开家庭和学校的配合。所以，不仅老师要给孩子做榜样，家长也必须给孩子做好榜样。家长会上，老师要教会家长怎样培养孩子的听说能力，要求家长在家能做到认真倾听且不打断孩子的发言，家庭成员之间讲话尽量轻声细语，音量适合。耳濡目染下，孩子一定能养成良好的听说能力。

（5）在“评”字上促养成。

在培养孩子“会听说”的过程中，也要注重对孩子的表现做出积极中肯的评价，注重孩子在过程中付出的努力，让评价贯穿每一天。如参考下面的评价表，对孩子每天在校和在家的听说表现进行记录。

	评价标准	周一	周二	周三	周四	周五
在校	能举手发言					
	音量合适					
	言语有礼貌					
在家	会分享学校的趣事					
	能耐心倾听家人说话					
	音量合适并有礼貌					

若以欣赏的眼光看待孩子，孩子就是“天使”；若以“找茬”的眼光看待孩子，孩子就是“魔鬼”。每个孩子都想成为好孩子，就像每棵庄稼都渴望成长一样。欣赏和表扬孩子，孩子的优点就会在不知不觉中多起来。

会游戏

◎ 罗建鸽

导语：做个小游戏，开心有精神。游戏要同伴，游戏有规则，游戏需合作，游戏大家乐。游戏是孩子学校学习生活的一部分，会玩游戏很重要。

一、培养目标

既会认真学习，又会开心游戏。在游戏过程中，懂得遵守游戏规则，会与同伴安全、有序、友好地玩耍。

能正确选择游戏，不玩危险的或者不文明的游戏，并能合理安排游戏时间、场合。

学会专注地玩游戏，在游戏中增长本领。

二、培养过程

玩游戏是学生学校生活的一部分，“会游戏”对于学生快速融入小学校园的生活至关重要。那么，如何才能更好地帮助孩子在游戏时间文明地游戏、安全地游戏、快乐地游戏呢?

1. 教师转变观念是前提

教师首先要转变“游戏不利于学习”的观念。其实，会玩游戏可以让孩子们增长很多本领。

（1）玩游戏可以变灵活。

玩游戏可以提升身体的协调性，例如跳长绳、小兔蹦蹦跳、袋鼠跳和金鸡独立等动作性较强的游戏，会让身体更灵活。

（2）玩游戏可以长智慧。

如数字华容道、九连环、七巧板和鲁班锁等游戏，既可以提升专注力，又可以锻炼思维能力。游戏过程中，需要集中注意力，全心全意地投入，开动脑筋。

（3）玩游戏还可以促进合作。

很多游戏需要合作进行，如两人三足跑、背靠背夹球等团队游戏。游戏过程中，需要沟通、交流来增强默契，学会团结协作完成游戏任务。

2. 学生熟悉要求是指南

（1）玩游戏要遵守规则。

游戏开始前，保持安静，认真倾听游戏规则，规则不明时，及时提问。游戏过程中，遵守规则，能给同伴鼓励和赞许。游戏结束后，不管输赢都快乐。

（2）玩游戏要注意安全。

①不玩危险游戏：做到安全、文明游戏，合理安排游戏的时间与场合。课间，可以玩“丢手绢”“照镜子”“木头人”等文明游戏，远离楼梯扶手上滑行、高处蹦跳、推人绊人、集体推搡等危险游戏。

②注意游戏器材安全。

3. 游戏合理推进是关键

（1）培养游戏时的安全意识。

①在班队课时开展“听故事，议一议”的讨论活动。通过安全实例故事的讨论，培养学生不玩危险的游戏、选择安全的游戏器材等安全游戏的意识。

②读记游戏安全小儿歌：

小朋友，做游戏，安全第一要牢记。

追逐跑闹易摔倒，“十会”要求记心间。

做游戏，讲团结，友爱互助不吵闹。

③理论和实践相结合，在课上带领学生做一做游戏。例如，玩“萝卜蹲”游戏，游戏前先头脑风暴，讨论玩这个游戏要注意：起立的时候要小心，不要把凳子碰倒；下蹲时，头不要撞到桌子；等等。安全知识在实践中得到消化和吸收，安全意识逐步形成。

（2）有选择地玩游戏。

玩游戏，不能盲目地玩，应该结合学生实际情况有选择地玩，助力学生的成长，助推班级的发展。在推进的过程中，要不断地强化游戏前听规则、游戏时守规则、游戏后有收获的意识，开展个人游戏、多人游戏、小组游戏、团体游戏等，从而促进“会游戏”的习惯养成。

①相互认识小游戏：一年级开学初期，同学们都不知道彼此的名字，简单的自我介绍也很枯燥无聊，可以通过玩游戏的方式让孩子们熟悉同学的名字。

游戏名称：名字接龙。

游戏规则：孩子们围成一圈，任意提名一名学生进行自我姓名介绍，第二名介绍时要加上第一名的姓名，格式如“我是小明后面的小红”，第三名依次介绍，格式如“我是小明后面的小红后面的小蓝”，最后一名学生要将前面所有名字复述一遍。如果出现忘记前面同学姓名的现象，就重新开始介绍，进行新的一轮。

游戏特点：让同学的名字以一种好玩的方式被熟记。

②活跃气氛小游戏：开学初期，孩子还处在从幼儿园小朋友到一年级学生的身份转变过程中，容易出现一些不适应的现象。这时候，我们就可以开展一些小游戏，来帮助他们减轻入学的不适。

游戏名称：逛三园。

游戏规则：三园分为动物园、植物园和菜园。老师说出某一个园后，请学生说出该园特有的事物。如：动物园——熊猫、狮子、大象等。

游戏特点：简单，学生参与度高、成就感高。

③课间放松小游戏：由于课间比较短，可以带着孩子做简单的游戏，进行放松。

游戏名称：照镜子。

游戏规则：学生前后（或左右）两人一组，相对而立（或坐）。一人在下肢不动的前提下，做单（或双）手上举、前平举、侧平举、抓耳、摸鼻、指嘴巴等动作，相对的同学像照镜子一样随之而做，如出错即为失败，两人互换角色，继续进行。

④团队竞技合作小游戏：一年级时班级团队刚刚形成，学生的团队意识相对比较薄弱，我们可以通过团队合作游戏，促进团队意识的形成。比如两人三足跑、“小兔蹦蹦跳”、背靠背夹球等。

⑤个人小游戏：作业整理或者自习时间，完成作业后，可以开展一些安静的游戏，如数字华容道、九连环、鲁班锁、七巧板和魔方等。

4. 巧用游戏评价是保障

在游戏中加入评价，同步开展在校和在家的游戏评价，在评价中促进孩子们养成“会游戏”的习惯。

对照标准评一评，你会了吗？做到就给自己画一个笑脸。

	评价标准	周一	周二	周三	周四	周五
在校	守规则					
	讲安全					
	会参与					
	会鼓掌					
在家	守规则					
	讲安全					
	会参与					
	会鼓掌					

三、效果及反思

“会游戏”习惯的培养，有效助力孩子快速融入团体。孩子们发生了很多变化，越来越多孩子喜欢和小伙伴玩耍与分享，学会了谦让，学会了更好地沟通，还学会了遵守游戏规则。不仅如此，“会游戏”习惯的养成还反哺课堂习惯，助推课堂秩序的改变。

带着孩子玩游戏，玩出孩子的天性，玩出想法，玩出团队意识，玩出属于老师和孩子的快乐，玩出班级活动，玩出班级正能量，收获意想不到的惊喜。

会问好

◎ 朱嬉

导语： 好习惯的养成就像身负重担跋涉沙漠，每前行一步都需要更多的付出。“微笑问好”是好习惯之一，能使我们终身受益，所以我们要有意识地培养孩子的好习惯，教会孩子微笑问好，做个讲礼貌、懂礼仪的好孩子。

一、培养目标

讲文明，懂礼貌，会使用生活中的常用问候语，如“你好”“谢谢”等。能养成主动向他人问好的习惯，态度热情大方，声音响亮。

二、培养过程

1. 第一周——观察周（做给孩子看）

（1）做好观察记录。

入学第一周的前两天以观察为主，观察班里学生问好习惯的养成情况，并做好记录。对于“会问好”的同学，及时给予回应和鼓励，有针对性地为第二周的学习做好准备。

观察内容可参考以下表格。

观察记录	是否能够主动问好	问好姿势、表情是否到位	问候语是否正确	问候声音是否响亮
早上问好				
课堂问好				
课间问好				
放学问好				

（2）观看视频。

在第一周的最后一节课，让学生观看视频《会问好》，跟着视频学问好，并约定第二周周一时看看表现是否与第一周不同。

（3）组织家长“十会”培训。

家长是孩子的第一任老师，也是终身教师；家庭是孩子的第一个课堂，也是终身课堂。家庭教育是整个大教育的重要组成部分。引导家长树立现代化的教育观念，帮助他们掌握科学的育人知识，对于家校协同帮助孩子养成良好习惯意义重大。

在一年级新生入学前，我们便启动家长培训，让“十会”好习惯先植入家长的心中。在第一次家长培训时，向家长展示往届一年级学生经历“会问好”习惯培养的前后变化，树立家长的培养信心。

2. 第二周——学习周（带着孩子做）

（1）认识什么是“会问好”。

问好，即询问安好，表示关切。引导学生认识“会问好”的含义：主动向别人“问好”，是一种修养，是友爱、欣赏、自尊的表现；得到别人的“问好”，是一种认可，是关爱、鼓励、受人尊敬的体现。

“会问好”的根本意义，就是让学生能与周围的人建立联系，做到“安其学而亲其师，乐其友而信其道”。

（2）了解“不会问好”的表现。

在对学生日常行为举止进行观察后，发现“不会问好”主要表现在以下几个方面，请学生自查是否有类似的行为。

①见到老师和同学，常常视而不见，很少积极主动地打招呼问好，即使有问好，也不能做出标准的问好姿势。

②去教师办公室时，很少敲门请示；或者迟到进教室时，不喊“报告”。

③与同学交流时，未使用礼貌用语；向他人寻求帮助时，用命令的口吻。

（3）学会怎样做好“会问好”。

把问好用语编成儿歌，指导学生学会怎样做好“会问好”。

①问好用语我会说：

感谢别人说“谢谢”；被人感谢“不客气”；

麻烦他人用“请”字；做错事情“对不起”；

见面挥手带微笑，遇到师长说“您好”，遇到同学用“你好”；与人道别说

“再见”。

②问好时间我知道：

早晨入校说“您（你）早”，上课开始“老师好”；

迎面遇到说“您（你）好”，放学离校说“再见”。

③文明问好我能行：

见面挥手，鞠躬点头，面带微笑，说出称呼，道声“您（你）好”！

④我向国旗问个好：

抬头挺胸，立正站好，仰望国旗，脱帽肃立，行好队礼。

⑤家中实践我可以：

A. 早起：“早上好！”（睡前：“晚安！”）

B. 长辈过生日：“生日快乐、身体健康！”

C. 过新年：“祝新年快乐！”

D. 家长外出：“一路平安、办事顺利！”家长外出归来：“您回来啦！辛苦了。”主动招呼，递接物品。

（4）诵读歌唱“会问好”童谣和歌曲。

诵读和歌唱有关问好的童谣和歌曲，加深学生对“会问好”的印象。

①诵读歌谣：

小朋友，上学校。

见到同学说声早，见到老师问声好。

客人来了笑相迎，热情大方有礼貌。

②学唱儿歌《问声好》：

背书包上学校，新的一天多么好。

小朋友，你早；老师，您好！

见到同学问声好，别看我的年纪小。

见面知道问声好，对人也要有礼貌。

见面问声好，分别说再见。

我错了，对不起。赶紧说声没关系。

要吵架的不吵架，要生气的不生气。

大家共学语言美，大家共学语言美。

③读背问好三字经：

问候语，记心中，早中晚，得体用。

亲外出，祝安好，亲归家，慰辛劳。

看对象，分场合，父母闻，心感动。

离家久，常问候，家中人，不担忧。

3. 第三周——巩固周（看着孩子做）

（1）结合教材巩固学习。

结合“十会”教材《小学入学第一课：好习惯，十会始》进行“会问好”的学习，通过“问好用语我会说”“问好时间我知道”“文明问好我能行”板块中简单易懂的儿歌，强化“会问好”的习惯养成。

（2）掌握不同的问好方式。

①表情示意：眼神接触，面带微笑。

②言语问候：称呼+你（您）好。如“王老师，您好”。

③体态语：点头、挥手、鞠躬、敬礼。

（3）模拟演练。

以在校问好为例，模拟演练不同场合用不同的方式问好：见到师长时、向人求助时、回应他人问好时、向国旗问好时。

4. 第四周——考核周（由着孩子做）

（1）选出“十会监督员”进行考核。

①选出一位班级“十会监督员”，根据学生在校的问好表现进行评价考核。

②邀请家长担任家庭“十会监督员”，对孩子在家中的问好表现进行评价考核。

评价标准可参考以下表格。

评价标准	周一	周二	周三	周四	周五
问好用语我会说					
问好时间我知道					
文明问好我能行					
我向国旗问个好					

（2）家校合作巩固习惯。

“会问好”习惯的巩固，需要家庭和学校长期共同维护。除了为家长开展辅导报告、培训授课之外，还可以开展一系列灵活多样的活动。如：

①开展如何评价、鼓励的咨询活动。

②开展家访活动，教师到学生家中家访、电话家访，或请家长到学校交谈，调查学生在家中的问好情况。

③开展创建学习型家庭的活动，促进家庭教育模式由单项教育向亲子互动模式转变。组织家长、教师、学生共同开展亲子问好游戏活动，形成民主、和谐的师生关系、亲子关系。

④建立开放日制度，设立“家长意见箱”。

⑤开展父母做一天“学生”，学生当一天“家长”的角色互换活动。

三、效果及反思

在一年级的“十会”习惯培养下，孩子已经基本养成每天的问好习惯。

结合实践经验，我们可采用以下几种方式对学生进行引导。

1. 给孩子最直观的示范

在促进习惯养成的过程中，学校的引导是一方面，家长的示范也是重要的促进因素。培养孩子会问好，学校和家庭要态度一致，不能各敲各的锣。在家庭环境中，平时家长说话时也要注意使用文明用语与孩子进行沟通；当孩子不好意思问好时，可以先主动跟孩子问好，起到示范作用。

2. 对孩子的礼貌行为要予以积极评价

如果孩子对老师、同学、客人、朋友很有礼貌，要及时予以肯定，可以运用点头、微笑或者言语表扬等方式对孩子进行鼓励和回应，要让孩子感受到问好带来的愉悦。对于孩子不礼貌的行为，也要及时指出，告诉他不礼貌会给人留下坏印象，使孩子自觉杜绝不礼貌的言行。

3. 各个层面通力合作

可以请任课老师积极向班主任反馈主动问好的孩子，及时在课堂上予以表扬，让孩子更愿意问好，增进师生关系，也可以鼓励学生主动向老师汇报和他微笑打招呼的同学。这样，久而久之习惯必成为自然。

会求助

◎ 仇舒颖

导语：在学习和生活中，孩子会遇到各种各样的问题和困难，很容易陷入困境。为了摆脱困境，要让孩子学会向成人或同伴求助。当孩子向他人求助时，互动就发生了。

一、培养目标

敢于求助，树立求助意识。在求助过程中，能找到合适的求助对象，能说清楚遇到的困难和想要得到的帮助。求助时能使用文明用语。

二、培养过程

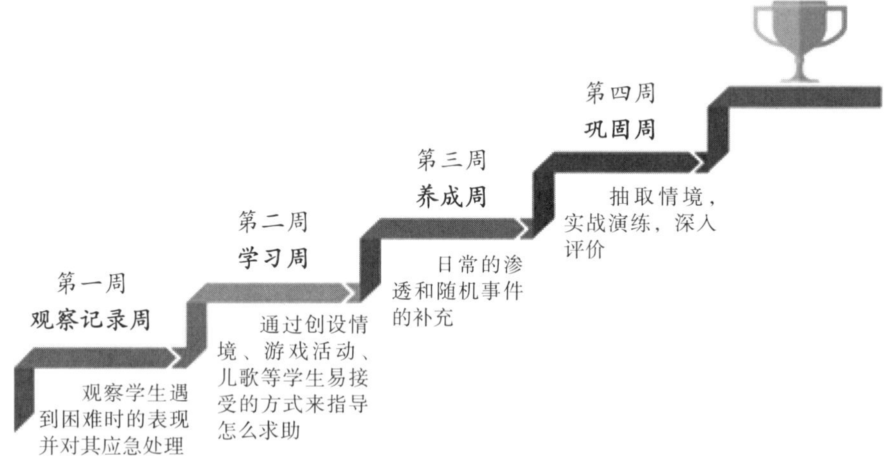

1. 第一周——观察记录周

（1）教师观察记录。

新生入学第一周，教师每日观察孩子遇到困难时的表现，并进行应急处理，事后做一个简单的记录，以便在第二周教学的时候更有侧重。

姓名	遇到的困难	具体表现			
		是否有求助意识	能否找对求助对象	能否说清遇到的困难和帮助	能否使用文明用语

（2）家长“十会”培训。

为实现家校习惯培养的一致性，我们开设了家长培训课堂。在一年级新生入学前，启动家长培训，让“十会”好习惯先植入家长的心中。

在第一次家长培训时，向家长展示往届一年级学生经历“会求助”习惯培养的前后变化，树立家长的培养信心，并提供家长“会求助”在家配合的具体方法。

2. 第二周——学习周

（1）认识大家都会有困难。

①创建“畅聊吧”，联系生活交流，请学生畅所欲言，聊一聊开学以来自己遇到过的困难及当时的情形。

②观看视频《学校的一天（前篇）》，向学生提问：他们的一天都遇到了哪些困难？如果是你，你会怎么做？

③观看视频《学校的一天（后篇）》，向学生提问：遇到困难，他们是怎么做的呢？有哪些值得大家学习的共同点？引导学生遇到困难不着急，主动求助。

（2）判断何事要求助。

①出示儿歌情境，请学生判断儿歌中哪些事情可以自己解决，哪些靠自己的力量没法解决。

有个小朋友，总是求帮助，
衣服纽扣不会扣，书包嫌重不愿背，
走着走着迷了路，打得毽球上了树，
看到屋子起浓烟，听到巨响在近处……
是否都要求帮助？

小问题自己解决，不要总是依赖别人，而有的事情必须请人帮助……

②出示情境卡片，请学生分类摆，判断哪些是自己能够解决的“小困难”，哪些是自己的力量没法解决的“大麻烦”。

（3）求助方法一起学。

学习求助方法是最重要的环节，可以在设定的具体情境中展开。播放视频《常见求助情境》，在具体场景中，让学生习得求助的方法。

◎勇敢求助，找对求助对象。

①通过情境创设，告诉学生：遇到自己不能解决的困难时，要勇敢求助，求助前仔细观察周围的环境，寻找到最合适的人来帮助自己。

②出示右图，小男孩的风筝挂在了树上。请学生观察周围可寻求帮助的对象，讨论小男孩找谁求助最合适。

③交流预设，分析对象：赶路的上班族——正低头看手表，说明赶时间；踢球的孩子们——看上去和小男孩一样大，够不到；扫地的环卫工——正在工作，不方便打扰；坐着的年轻人——正在休息，个子高，可以用椅子、羽毛球拍当工具。得出结论，找坐着的年轻人最合适。

④小结：寻找到最合适的人来帮助自己，可以更快、更好地解决自己的困难。

◎说清楚遇到的困难和想要得到的帮助。

通过情境创设，告诉学生：求助的时候，能清楚表达求助的内容，可以帮助我们提高求助的成功率。第一，说清楚遇到的困难；第二，展现已经做的努力；第三，提出真实的诉求。

◎使用文明用语。

求助时用上文明用语，如“可以吗”“谢谢您”“请麻烦”“能不能”……求助的成功概率会更高。

①创设情境：昨天放学，隔壁班的小丽遇到了一件麻烦事，放学都半小时了，妈妈还没来接她。

②请学生交流讨论：如果你是小丽，你会去哪里借电话？怎么说呢？

③提问：如果你是保安叔叔，你更愿意帮助什么样的小朋友？为什么？

④请学生示范如何向保安叔叔求助："叔叔，妈妈到现在都没来接我，我想借用保安室的座机打个电话，可以吗？"打完电话，对叔叔说："谢谢您！"

⑤小结：当我们向别人求助时，用上一些礼貌用语，别人会更乐意帮助我们。

（4）不同求助都能行。

◎学习求助。

①课堂上：当有学生提出自己的疑问时，要表扬求助的孩子，同时请班级里的其他学生给予帮助，让学生拥有求助的安全感。

②下课时：下课后五分钟内，暂时不离开教室，留待学生提问。

③建立学生学习互助小组，规范文明语言，帮助学生在一个温暖、安全的环境中学会大胆地求助。

◎生活求助。

学生有时会出现学习用品未带的情况，引导学生学会先向同伴求助，如若无果，再及时向老师求助。

◎心理求助。

引导学生遇到情绪无法调节的情况时，及时向同伴、老师和家长求助。

◎安全求助。

①告诉学生：若身体出现不适，如发烧、头晕或摔倒磕破皮等，要第一时间告诉老师，知道学校医务室的具体位置，及时就医。

②带领学生识记求助电话——报警电话 110、急救电话 120、火警电话

119、交通事故报警电话122。引导学生知晓报警时需用简洁的语言表述清楚何时、何人、何事、何地等要素，无特殊情况，不随意拨打报警电话。引导学生了解求助场所——派出所、治安岗亭、商场咨询台等。请学生牢记家长的姓名、电话等，以便在外与同伴走散时能向他人求助，准确说出信息。

（5）传递温暖会帮助。

①出示图片，展现温暖接力的画面，请学生描述。

②画面小结：哥哥的伞，给我温暖，我也用伞，传递温暖。

③请学生说一说：谁帮过我？我帮过谁？我还能帮谁？

④引导学生在得到他人的帮助后，也学会帮助他人，团结友爱，将温暖的接力棒一直传递下去。

3. 第三周——养成周

“求助”的发生本身含有突发性，需要日常的渗透和随机事件的补充。本周继续观察和记录，对比学生的生活、学习求助是否有进步。

（1）随机事件补充。

①学会“二次求助”：在第一次求助没有解决问题的时候，要学会“二次求助”，真正解决困难。

②记住家人的电话号码：学生常用电话手表、微信或电话短号联系家长，有时记不住完整的电话号码。针对这个问题，和数学老师合作，将记电话号码和数字练习相结合，使学生容易记住。

（2）求助儿歌巩固。

儿歌是学生喜闻乐见的识记方式。和学生一起创编朗朗上口的儿歌，将求助方法融入其中，从而更好地巩固“会求助”。

请你帮帮忙

小橡皮，不见了，小朋友们帮帮忙；
书架子，够不着，爸爸妈妈帮帮忙；
学习上，有困难，老师同学帮帮忙；
回家的路找不到，警察叔叔帮帮忙；
遇到困难不要怕，主动找人来帮忙。

求助方法歌

找对人，说清话，
文明礼貌要牢记；
你帮我，我帮你，
友爱精神共传递。

（3）特定情境模拟。

①请学生说一说：面对以下四种情况，你会如何寻求帮助？

A. 美术课上，图才画到一半，水彩笔没水了。

B. 和好朋友在公园里打球，篮球不小心掉到了河里。

C. 和爸爸妈妈在商场里走散了。

D. 看到屋子里着火了。

②请学生以小组为单位，自选一个情境，说一说、演一演。

③小组互评，教师参与评价。

4. 第四周——巩固周

（1）加入评价。

①评价也要在具体情境中进行。根据下面的评价标准，生生互评，教师评价。

评价标准	生生互评	教师评价
能找对求助对象		
能说清楚遇到的困难和想要得到的帮助		
能使用文明用语		

②开展一个名为“我想夸夸你”的小活动。以“会求助”为切入点，请学生分享自己遇到困难时如何求助别人，别人又如何帮助的过程。表扬会求助和会帮助的孩子，同时鼓励不敢求助的孩子。

（2）日常渗透。

①鼓励孩子求助别人，并不是让孩子养成懒惰的习惯。可以让孩子在家里制订“不要喊妈妈守则”，避免过度求助。

②引导孩子认识别人的帮助绝非理所当然。向别人求助后，无论是得到帮助还是遭到拒绝，都要正确对待，得到帮助要表示感谢，遭到拒绝也要欣然接受。

③引导孩子理解“自助、受助、助人”才是一个完整的能力体系。引导孩子学会求助，能够判断哪些情况需要求助、向谁求助比较适合，并且对帮助自己的人怀有感恩之心；引导孩子学会自助，学会照顾自己和解决问题，不断提升独立性和责任感，逐步做到自力更生、自行负责；引导孩子学会助人，在自己的能力范围内，对需要帮助的人施以援手。良好的人际关系建立在良性互动的基础上，乐于助人与合理求助都是优秀的特质，是爱自己，也是爱世界，是对善良的尊重，也是对温暖的珍惜。

三、效果及反思

帮助别人是一种美德，懂得合理向他人求助也是一种生活技能，是一种良好的习惯，是解决问题的途径之一。通过近一个月的学习，孩子有了一定的求助意识，初步养成了“会求助”的好习惯。不过，因为“求助”并不是每个学生每天必须发生的行为，所以，在制订考核方案方面还有待探索。

结合实践经验，我们要注意以下几个方面。

1. 认识“会求助”是一种重要的能力

首先，我们要和孩子及家长达成共识：会求助，是一种很重要的能力，它至少包含了几个元素。第一，孩子可以判断什么问题是自己解决不了的。第二，孩子会思考解决不了怎么办、可以向谁寻求帮助、怎么表达需求。培养这种能力，对任何一个人，都是非常有必要的。家长要懂得适时放手，给予孩子充分的空间，让孩子自行判断，让孩子知道求助也是面对困难的方法之一。

我们往往以为求助是因为没办法，展示的是“没有能力”。事实上刚好相反，会求助也是一种了不起的能力。“独立解决”与“会求助”都非常重要。要让孩子学会自己为自己负责，这样，未来遇到事情时才能勇敢面对。

2. 正视需求，让学生愿意求助

根据调查了解，学生不喜欢求助的原因通常有以下四点：害怕丢脸，害怕被拒绝，害怕麻烦别人，不知道如何求助。要让学生了解求助并不丢脸，让学生正视需求、学会求助。

会打扫

◎ 张丹凤

导语： 古人云，一屋不扫，何以扫天下？任何事情都是从小事做起的。会打扫，体现的是一种积极乐观、勤奋向上的态度。

一、培养目标

1. 认识会打扫的标准

讲卫生，爱劳动，掌握擦桌子、扫地、拖地、收垃圾等的基本方法。

（1）在家：有固定的劳动岗位，会主动打扫自己的房间，把书桌收拾整齐、地面打扫干净。

（2）在校：能积极劳动，自觉完成值日工作，主动打扫教室，并及时擦净、整理自己的课桌和饭桌。

2. 掌握“会打扫”的重难点——扫地、拖地的基本方法

二、培养过程

月整体教学安排

人物	第一周第一天最后一节课	第二周每天最后一节课和中午	第三周每天最后一节课和中午	第四周每天最后一节课
老师	示范	引领	指导	养成
学生	观察、模拟、念儿歌	优生先行，其他观察，回家尝试	全班轮流，掌握要求，天天练习	分组进行，生生合作

1. 做给孩子看——第一周（示范周）

（1）认识劳动工具。

在学习打扫前，先认识打扫常用的工具。

（2）安排每日重点内容。

安排每一天教师示范的不同重点内容。

	教师示范侧重点
周一	擦桌子、擦黑板的方法
周二	打扫的方法
周三	拖地的方法
周四	收垃圾、倒垃圾的方法
周五	整理劳动工具的方法

2. 带着孩子做——第二周（引领周）

这一周重点教会孩子打扫的方法，具体有擦桌子的方法、扫地的方法、拖地的方法、倒垃圾的方法、整理劳动工具的方法等。

观看《会打扫》视频与教师示范相结合，教学生掌握打扫的正确姿势、打扫的具体步骤和注意事项。学生观摩、观察，模拟打扫的姿势和动作要领。采取优生先行的方法，引领5～7名孩子先掌握打扫的技巧，其他学生观察、模仿，并回家尝试。

（1）学习扫地。

①示范扫帚的正确握法。

拿扫帚：左手在上，右手在下，双手握柄，身体前弯。

②指导扫地的正确方法。

右手用力大一些，左手用力小一点，扫帚在脚前贴着地面，往左前方一下一下地扫。

不同场地用不同顺序，操场宜用“聚焦中心扫法”，从四周向中间聚集，扫成一堆。教室有前有后，宜用“方向扫法”，规定一个方向，从前往后或从里向外，一组一组扫。

不同的场地有不同的扫法，如楼梯扫地有先后，先擦栏杆，后扫地，从上往下层层仔细扫。

③注意扫地的技巧。

老师找一些图片，让学生对比观察图片，说说自己的发现，再进行总结：对于灰尘特别大的地面，需要先洒水浸润，以免扬起灰尘；有人路过时要先停下；扫地要用力；边边角角要特别仔细扫。

④学生实践学扫地。

请两位同学示范扫地，其余同学观察他们的扫地姿势，议一议、看一看，掌握方法。教师再进行示范讲解和指导。

请学生用一周的时间在家里练习、在学校练习，比比谁掌握得又快又好。

⑤布置课后练习。

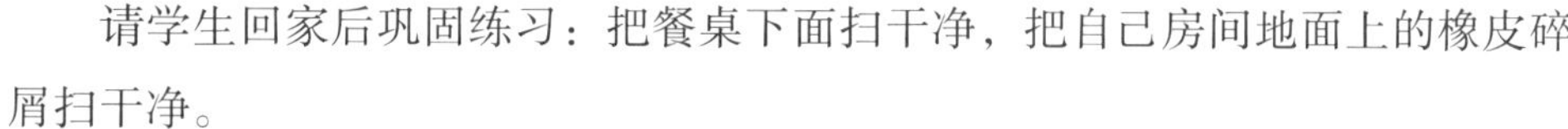

请学生回家后巩固练习：把餐桌下面扫干净，把自己房间地面上的橡皮碎屑扫干净。

（2）学习倒垃圾。

①示范畚箕的正确握法。

拿畚箕：左手握畚箕，右手拿扫把，身体略前倾。

②指导收垃圾的正确方法：左手倾斜拿畚箕，抵住地面不留缝，右手拿扫帚略高处，将垃圾收到畚箕里。

③学会垃圾分类：教室的垃圾分类主要有可回收物和其他垃圾；餐厅的垃圾分类主要有厨余垃圾和其他垃圾。

④指导倒垃圾的正确方法。

（3）学习拖地。

①体会拖地的必要性。

依次出示地板和拖把的图片、脏客厅和干净客厅的图片，引导学生讨论拖地的必要性和拖地的方法。学生分组讨论后汇报讨论结果。

②指导拖地的正确方法：右手用力大一些，左手用力小一点，拖把在脚前贴住地面，往左前方一下一下拖。桌脚、凳脚绕着拖，桌子、凳子移出拖。教室有前后，采用来回平移拖法规定一个方向，一下紧挨一下从前往后倒着拖，

或者从里往外拖。

③学生练习拖地，选出“拖地小能手”示范引领并分享方法。其他学生回家尝试拖地，比一比谁拖得最干净、最快。

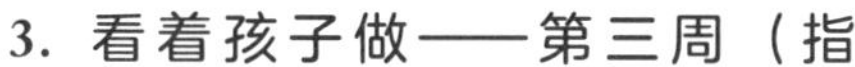

3. 看着孩子做——第三周（指导周）

这一周全班参与，教师一一指导，采取步骤分解、循序渐进、分享互学、指导评价四个策略来实施。一周完成，天天有重点。

（1）第一天——学生练习擦桌子。

①主题：我是擦桌小帮手。

②训练地点：教室。

③工具准备：适合小朋友擦桌子的抹布和脸盆。

④指导方式：老师当观察员并记录。

⑤指导标准：

一星级	会洗抹布，能在老师的帮助下完成擦桌子
二星级	会洗抹布，能独立、有序地完成擦桌的任务，桌面基本干净，会整理脸盆和抹布
三星级	会洗抹布，能关注边边角角，独立、有序地完成擦桌的任务，桌面非常干净，会整理脸盆和晾晒抹布

（2）第二天——学生练习扫地。

①主题：我是扫地小能手。

②训练地点：教室。

③工具准备：适合小朋友扫地的专用扫把。

④指导方式：老师当观察员并记录。

⑤指导标准：

一星级	正确握扫帚，能在老师的帮助下完成扫地
二星级	会正确握扫帚，能独立完成扫地，地面基本干净，会收垃圾
三星级	会正确握扫把，能独立完成扫地，地面非常干净，会进行垃圾分类，会将桌椅摆放整齐

“会扫地”（学校篇）内容安排

时间	训练内容	训练侧重点	老师指导
周一	练习握扫把的姿势，读握扫把的要领儿歌。边握扫把边念出正确的儿歌。上传视频到班级群，以相互学习、提高	姿势正确	
周二	打扫教室，练习有序扫地。正确握扫把，从前往后扫，扫成堆，把垃圾装进畚箕，并会垃圾分类	有序扫地	
周三	主动打扫教室，练习有序扫地和收垃圾。正确握扫把，从前往后扫，把垃圾扫成堆并装进畚箕，还会垃圾分类	会收垃圾，垃圾分类	
周四	练习有序扫地和收垃圾，并能够将教室桌椅摆放整齐、劳动工具放回原位	桌椅摆放整齐	
周五	独立完成一个完整的扫地过程，并自行提出考核申请	独立完成一个完整的扫地过程	

“会扫地”（家庭篇）内容安排

时间	训练内容	训练侧重点	家长评价
周一	练习握扫把	姿势正确	
周二	在客厅或其他空旷地方，练习“聚焦中心扫法”	有序扫地	
周三	在餐厅有序扫地，仔细打扫餐桌边角	打扫边边角角	
周四	在自己的房间有序扫地，仔细打扫，整理垃圾	垃圾分类	
周五	独立完成一次扫地，会将桌椅归位，将工具放回原位。家长进行评价，学生提出考核申请	独立完成一个完整的扫地过程	

（3）第三天——学生练习拖地。

①主题：我是拖地小能手。

②训练地点：教室。

③工具准备：适合小朋友拖地的专用拖把。

④指导方式：老师当观察员并记录。

⑤指导标准：

一星级	会正确握拖把，能在家和老师的帮助下完成拖地
二星级	会正确握拖把，能独立完成拖地，地面基本干净，会等水干后再踩地面，会将桌椅对整齐
三星级	会正确握拖把，能独立完成拖地，地面基本干净，会等水干后再踩地面，会将桌椅对整齐、拖把洗净，并把拖把整齐放回劳动工具摆放区

“会拖地”（学校篇）内容安排

时间	训练内容	自我评价	老师指导
周一	练习拿拖把的姿势，读拿拖把要领的儿歌。要求学生边握拖把边念出儿歌。上传视频到班级群，以相互学习、提高		
周二	练习有序拖地，一组一组从前往后拖		
周三	练习有序拖地，一组一组从里往外拖，结束后清洗拖把		
周四	练习角角落落拖地，清洗拖把，整理桌子，把拖把放回摆放区		
周五	独立完成一次拖地任务，等水干后再进教室。自我评定为熟练后，提出考核申请		

“会拖地”（家庭篇）内容安排

时间	训练内容	训练侧重点	家长评价	老师评价
周一	练习拧拖把、洗拖把	姿势正确		
周二	在客厅练习“来回平移拖地法”	拖地有序		
周三	在餐厅有序拖地，仔细拖餐桌凳脚的边角	拖地仔细		
周四	练习房间拖地，各角落绕着拖，会拧拖把，会等水干后再进房间	会拧拖把		
周五	练习有序拖地。能主动拖地。各角落绕着拖，等水干后再进房间，会将桌椅归位。家长进行评价，学生提出考核申请	独立完成一个完整的拖地过程		

（4）第四天——学生练习收垃圾、倒垃圾。

①主题：我会收垃圾、倒垃圾。

②训练地点：教室。

③工具准备：适合小朋友的扫把、畚箕。

④指导方式：老师当观察员并记录。

⑤指导标准：

一星级	能基本把垃圾扫进畚箕
二星级	能把垃圾扫进畚箕，地面不留碎纸屑、灰尘等
三星级	能把垃圾扫进畚箕，地面不留碎纸屑、灰尘等；能进行垃圾分类，并将垃圾送到垃圾房，投放准确

（5）第五天——学生练习整理劳动工具。

①主题：我会整理劳动工具。

②训练地点：教室。

③指导方式：老师当观察员并记录。

④指导标准：

一星级	能把劳动工具送回卫生角
二星级	主动把劳动工具送回卫生角，有序摆放
三星级	主动把劳动工具送回卫生角，分类、有序摆放

4. 由着孩子做——第四周（养成周）

这一周的重点是组建打扫小分队，遵循事事有人做、人人有事做的原则，周一到周五轮流打扫，培养孩子的合作意识和独立打扫的能力。本周开始，进入“会打扫”的考核环节。

（1）擅长优先来组队。

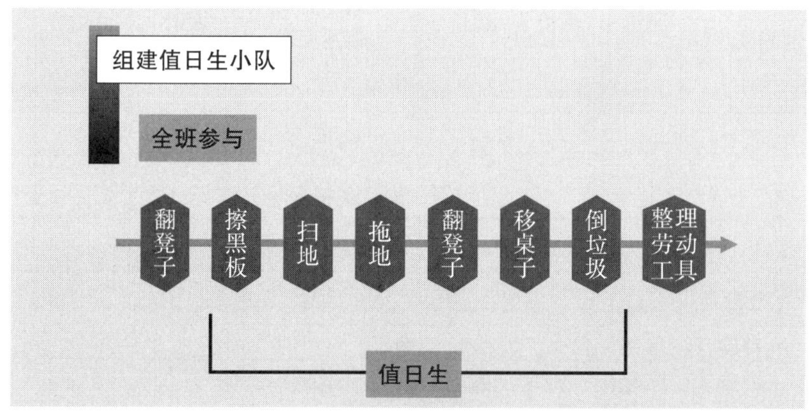

一日扫地流程图

①制定值日生分工表。

②设立值日小队长，进行示范、监督、管理。

③擅长优先，强弱搭档，互帮互助。

④制定激励措施，辅助学生学会坚持，保持对打扫的热爱：连续一周做到会扫地，奖励发放一枚“十会”奖章；一个月都表现优秀，颁发奖状“月打扫小能手”；一个学期都表现优秀，获得“十会小学生”之“会打扫”达标。

（2）奖励评价紧跟随。

“会扫地”个人评价单

班级（ ）姓名（ ）

“会扫地”的显性表现	评价1	评价2	评价3	“会扫地”的隐性表现	评价1	评价2	评价3
正确握扫把				热爱劳动			
有序扫地				主动扫地			
会收垃圾				合作意识			
垃圾分类正确				保持地面干净			
桌子摆整齐							
1. 以上所有项目三星级，盖上“十会”奖章 2. 如有一项未达到三星级，则增加练习时间，直至达标过关							

“会拖地”个人评价单

班级（ ）姓名（ ）

“会拖地”的显性表现	评价1	评价2	评价3	“会拖地”的隐性表现	评价1	评价2	评价3
正确握拖把				热爱劳动			
有序拖地				主动拖地			
会收垃圾				合作意识			
桌子摆整齐				保持地面干净			
地面干再进教室							
1. 以上所有项目三星级，盖上“十会”奖章 2. 如有一项未达到三星级，则增加练习时间，直至达标过关							

（3）小小贴士能助力。

小贴士

①摆桌子：贴上桌脚贴，对准地板上的瓷砖边线。

②摆凳子：靠桌脚摆放。

③摆放劳动工具：工具归位，毛巾洗净晾挂，黑板擦清理干净。

④卫生保持：讲卫生，不乱扔，及时捡。

⑤劳动安全：安全意识在心中，正确使用工具，不把工具当玩具和武器。

三、效果及反思

1. 效果

一个习惯的有效养成一定要有细化、可操作的步骤，“十会”课程不仅是给学生量身定制的习惯养成礼物，更是一个对于老师来说非常好的课程体系，让一年级班主任，尤其是新班主任，目标明确、操作方便。

在“会扫地”的习惯形成后，学生不但养成了良好的卫生习惯，而且更加有责任意识，更珍惜自己的劳动，更加注重卫生的保持，热爱劳动。

2. 反思

（1）要转变家长的教育观念。

在落实的过程中，先改变家长的观念。“会打扫”习惯的养成能改变孩子的人生态度。以往家长重视孩子的学习能力，但不太重视生活能力，不太能接受花大量时间去教孩子扫地。要让家长看到，“会打扫”习惯的养成，不仅训练孩子的生活能力，也能影响孩子的人生态度，从而获得家长的支持。

（2）要接受过程的反复。

习惯的养成是一个持续的过程，中间肯定有反弹的情况，用各种方法应对反弹，才能真正成功。

（3）要制订“拯救”计划。

对于容易忘记平时值日工作的孩子，对于想偷懒的孩子，要制订激励措施，重新调动他们的积极性并给予帮助。

会整理

◎ 楼晶晶

导语：整理可以让我们更注重细节，使生活更有条理；整理可以让我们更注重效率，使品质意识更有提升。整理不仅仅是一种行为，更是一种心态，它能够帮助我们清晰思考。

一、培养目标

1. 让自己的学习环境有序，物有定所，取用方便，提高学习效率。

2. 物品井井有条，不遗漏、不错拿东西，方便日常生活。

3. 有良好的卫生习惯，不产“非正常”垃圾，有垃圾时及时进行分类投放。

二、培养过程

1. 认识整理重要性

（1）阅读绘本《收拾房间的理由》。

①带领学生阅读绘本。

②请学生讨论：如果书本里的图画和文字都杂乱无章，你会想看吗？

③总结在绘本中学到的整理办法——分类、排序。

（2）观看视频《解放军的营房》。

①观看视频，观察解放军叔叔如何摆放自己的东西。

②请学生讨论：把东西摆放整齐有什么好处？

③总结学会整理的重要性和好处。

2. 规划整理全景图

会整理的目标是整理得干净、有序和及时，包括在家和在校整理。在校整理又包括早上到校整理、下课整理、放学整理和物品整理等。“会整理”的内容又多又细，根据这些整理要点规划“会整理”全景图，以便有序开展习惯培养。

整理点		时间	带领人	场地
物品整理	文具盒	8月27日—8月31日	家长	在家
	书包	8月27日—8月31日	家长	在家
	雨伞	8月27日—8月31日	家长	在家
	水杯	8月27日—8月31日	家长	在家
	学习用具	8月27日—8月31日	家长	在家
	书本、水杯	9月1日（周五）	班主任、搭班老师	在校
	文具盒	9月4日（周一）	班主任、任课老师	在校
	课桌	9月5日（周二）	班主任	在校
	柜子	9月6日（周三）	班主任	在校
	美术用具	9月7日（周四）	班主任、美术老师	在校
	科学用具	9月8日（周五）	班主任、科学老师	在校
	雨伞	下雨天时	班主任	在校
	书架	第三周	班主任	在校
	鞋带	第三周	班主任	在校
	衣服	穿外套时	班主任、体育老师	在校
及时整理	早上到校整理	开学第一天按照贴在黑板上的提示牌一点点落实，之后每天按时细化训练	班主任、搭班老师	在校
	下课整理		各科老师	在校
	放学整理		班主任、托管老师	在校

（该表中整理时间点以2023年为例）

（1）开学前一周统筹安排。

根据全景图安排，班主任提前统筹安排，在开学前一周找任课老师配合，和体育老师商量体育课前整理的要求，和美术老师协调美术用具的摆放，和科学老师讨论科学用具整理，请搭班老师配合开学第一天的到校整理。

（2）开学前家长会培训家长。

①在家长会上告知需要准备的生活和学习用品，请家长在开学前准备好铅笔盒、书包、雨伞、水杯。

②按照整理要求培训家长：（整理铅笔盒）铅笔六支定数量，笔尖朝着同方向，尺子橡皮单独放。（整理书包）相同大小整理齐，上小下大放一起；保持整齐一起放，小件物品摆在旁；看着课表理书包，暂时不用放一旁；整理之后要检查，东西是否有忘记。雨伞和水杯要贴上名字。

（3）开学后检查。

9月1日正式上课后，班主任和搭班老师一起检查孩子书包的摆放等整理情况。

3. 重视整理操作性

（1）整理物品。

◎整理书包。

①进行整理书包比赛：请学生先把书包里的东西都拿出来，放在桌子上，听到老师宣布“开始”后，再进行整理书包比赛。请理得快的同学说一说速度快的原因。总结后，进行第二次实践。请同桌互相评价，找出同桌整理的优点。把同学们的书包打开，互相参观，进行展示。提问学生整理后的心情，引导学生感受整理书包的好处。

出示儿歌：

小书包，勤整理。大在下，小在上。书在上，本在下。上层摆上文具盒，零散物品单独放。

②看课表整理书包：给书包“减减肥”，把暂时不用的东西拿出来。看课程表来整理书包。读一读当天的课程表，把要用的书放进书包，不用的书本拿出来。每天晚上在家实践，作业做好后，根据课表整理书包。

◎整理文具盒。

①用故事《我的文具哪里去了》引出丢失文具的麻烦，请学生说一说自己丢失文具的故事。

②请学生思考并讨论：是什么原因造成这种现象的？应该怎么解决这个问题？

③观看短片，观察两名学生的文具摆放对比。引导学生得出整理文具盒的方法：上课时首先把文具盒摆放在桌面左上角。开始写字时，打开文具盒，取出铅笔，把橡皮、直尺等单独放在固定位置。文具使用完毕后，放回固定位

置，不随意放置在桌面上。下课后，把文具放回文具盒，盖上盒盖，整理好桌面，检查是否有漏装的物品。

④请学生根据方法整理文具盒，并在回家时继续保持。请学生写完家庭作业后检查学习用品，把铅笔提前削好，放入文具盒内。

◎整理书桌。

①出示摆满学习用品的书桌图片，引导学生思考如何整理书桌。

②请学生讨论如何整理书桌，引出分类整理。指导学生把要说的话说连贯、说完整。

③4人一组进行整理实践，然后说一说整理的过程，展示自己的劳动成果。做简单的评比和小结，指出不足之处。

④引导学生继续将整理好的用品摆放整齐：课前用品准备好，书本统一放桌角，抽屉书包靠左放，右边放个文具盒。

⑤回顾总结，并进行课外实践，整理自己家中的小书桌。

◎整理其他物品。

①整理美术和科学学具：大工具在下，小工具在上，宽在左，窄在右，其他学具进笔袋。

②折雨伞：名字贴一贴，收拢成一节，一片一片叠整齐，转个圈圈扣上扣，放上架子排好队。

③叠衣服：左右小门关一关，两只小手抱一抱，我们一起弯弯腰，快把衣服叠叠好。

④书架：书脊朝外，分类摆放。

（2）及时整理。

学会了整理的方法，还需要学会及时整理。

◎到校整理。

①到校整理四步法：一拿（拿出所有书本，放进课桌抽屉里）；二放（书包放进柜子里，水杯放到水杯筐里，伞放在伞架上）；三读（坐下大声早读）；四传（从后往前传作业）。

②课间整理八步法：一收（收书本）；二拿（课前准备）；三放（放凳子）；四移（移桌子）；五捡（捡垃圾）；六喝（喝水）；七走（走出教室活动）；八查

（监督员检查）。

③如厕整理四步法：一对（如厕时站对位，肥水不浪费）；二扔（垃圾入篓，不往下水道扔垃圾）；三冲（如厕结束及时冲水）；四洗（用“洗手七步法”洗手）。

④放学整理三步法：一拿（拿水壶、雨伞）；二理（理书包）；三查（检查抽屉中是否有物品遗漏）。

◎在家整理

①早上起床会整理：自己穿衣裤、系鞋带，着装整洁。

②在家学习会整理：完成作业，削好铅笔，及时收拾书包、书桌、书架，物品摆放有序，先大后小，先书后本，待交作业放最上，文具、水壶、雨具有定位。

③娱乐时间会整理：玩好玩具后，及时整理，有序摆放。

④一周一次会整理：每周收拾一次自己的卧室，保持地面干净，书籍、玩具摆放有序。

4. 评价促进成习惯

知道了怎么整理之后，还要能够保持整理好习惯。根据下表的评价标准，在日常生活中坚持整理，形成习惯。

	评价标准	周一	周二	周三	周四	周五
在校	到校四步法					
	课间八步法					
	如厕四步法					
	放学三步法					
	物品整理					
在家	早上起床					
	在家学习					
	娱乐时间					
	一周一次					

三、效果及反思

经过“会整理”的学习与训练，学生的行为习惯得到了改善。他们学会了自己的材料自己收、自己的垃圾自己扔，不在手工课上乱扔垃圾；在家时也会把玩好的玩具、看完的书放回原处，把文具整理得井然有序。这些整理习惯会让孩子们一生受益。

经过实践检验，我们可采用以下几种方式对学生进行引导。

1. 依靠科任共督促

美术课经常要整理物品，请美术老师给孩子们提要求：红黄蓝，绿橙紫，放好工具，坐端正；上课工具放抽屉，绘画工具放对面，拿放更方便；作业画完放框内，整理工具静等候。有时孩子们会着急下课，交的作业正反横竖随意摆放。可以请美术老师把整理视频拍下来发给班主任，由班主任在班进行点评再教育。

体育课前，体育老师会让孩子们把外套先脱在教室里折好，再去上课。可以在孩子们跑操结束，等待静下心来学习时，进行折衣服展示。

2. 通过比赛促巩固

刚开始，孩子们不认识彼此，于是桌签成了一个有效认识同学的工具。可以启动“看谁的桌签保管时间最长”小挑战，两周后对保管到位的孩子进行拍照表扬，再奖励奖章并加分。

有些孩子不会系鞋带，跑步时容易摔倒，可以根据班级实际情况进行“系鞋带比赛”，以赛促学，让更多的孩子获得“整理之星”。

3. 依托点面助评价

老师可以通过“点面结合”来评价，全班性评价是“面”，对值日班长进行个人评价是“点”。每个孩子都有机会当值日班长，可以趁机重点考核孩子帮物品找“家”的能力，在家长群里提出表扬、进行全班性评价，并把孩子一天当值日班长的个人情况向家长进行汇报。请家长根据孩子的整理照片，再结合老师的要求，对孩子进行督促和巩固。

第四章

习惯培养的经验

利用绘本，家校沟通，学“会吃饭”

◎ 方韶波

“民以食为天”，可是在物质生活优越的今天，孩子们吃饭挑食的现象却日益严重。为此，家长们总是担心孩子吃不饱、吃不好，担心孩子偏食会造成营养不良。所以我把“会吃饭”作为一年级开学初的工作重点。

一、利用绘本，形象生动讲道理

绘本是一个外来语，指的就是图画书，指一类以图画为主、附有少量文字的书籍。利用绘本不仅可以讲故事、学知识，而且可以全面帮助孩子建构精神世界，培养多元智能。当有趣的绘本和“十会”相遇，又会产生什么美好的火花呢？

根据一年级孩子喜欢形象生动的故事、不喜欢教条式说教的心理特征，开学第一天的语文课，我给孩子们讲了绘本《11只猫做苦工》。这本绘本主要讲述了11只小猫在旅游的途中遇到了很多插在路边的告示牌，如禁止摘花、禁止爬树等，可是小猫不理会告示牌，不遵守规则，后来他们在路边看到了一个写着“禁止进入袋子”的大口袋，小猫们在好奇心的驱使下钻入了口袋，于是他们被一个怪物抓到了城堡，做起了苦工，最后在大家齐心协力的努力下，小猫们战胜了怪物，回家时遵守交规，安全到家这样一个故事。我一边带着孩子们观察插图，一边和孩子们开心地欣赏故事。故事结束后，我问孩子们：“看了这个故事，你想说点什么吗？”孩子们七嘴八舌地议论，得出了很多启示，其中一条就是要做一个遵守规则的好孩子。于是，我引出了“十会”，告诉孩子们如果能做到“十会”，就不会被怪物抓走了。

中午就餐的时候，我手把手地教孩子们怎么吃饭：点到名字的孩子按照顺时针方向走到教室后面排队；拿盘子的时候，不用手托着底部，防止烫伤；盛饭菜的时候，把盘子放在班级的大菜盆上方，以免饭菜掉到地上；到了位置后，吃饭不出声、不掉饭，整理出餐盘的一格放骨头等垃圾。饭后，我接着检查孩子们的光盘情况和位置上的卫生情况，然后教几个掌握得不够好的孩子如何把餐垫叠好，放在书包侧面的袋子里。

在绘本故事“遵守规则”的教育和这样细致的指导下，第一天的就餐完美地结束了。

第二天的语文课上，我又让孩子们欣赏了一本绘本《肚子里有个火车站》。这本绘本以非常有趣的方式告诉孩子们，吃饭要细嚼慢咽，这样才有利于吸收。接着，我带领孩子们通过安排一日菜谱的活动，认识营养金字塔以及挑食的危害，让孩子们知道吃饭要营养均衡、不能挑食。

第三天，我又给孩子们看了第三本绘本《牙齿大街的新鲜事》。这本绘本通过讲述两个细菌如何在牙齿上搞破坏的故事，让孩子们学会了吃完饭后要漱口。当然，除了绘本，我还利用了孩子们喜闻乐见的儿歌等形式，和孩子们一同学习。

二、利用契机，周到细致做指导

接下去的几天里，我们不断地强化吃饭的要求，一边大力表扬表现好的孩子，一边陪着学习力较弱的孩子一步一步做。让我印象最深的，是我们班的小宋小朋友。第一天在校吃饭时，他不但速度非常慢，而且饭菜掉得满地都是，餐垫上都是菜汤和饭菜。于是我来到他身边，一步一步教他该如何吃饭，并且帮助他一起把桌上、地上的饭菜放到盘子里，再教他如何叠餐垫，最后指导他把餐垫放到书包侧面袋子里。做完这些，我不断地表扬他，并向家长反映了这一现象，要求家长在家里对小宋继续进行训练。第二天吃午餐时，小宋居然一颗饭粒都没有掉出来——周到细致的指导立竿见影。

一年级，需要老师心平气和；一年级，需要老师细心周到；一年级，需要老师不厌其烦。就让我们在心平气和中，在细心周到中，在不厌其烦中，陪着孩子慢慢长大吧！

改变，从“会吃饭”开始

◎ 宋孜

一、“大神”驾到

2022年8月31日，开学第一天，我给每个孩子都送上了一个超大的彩虹棒棒糖，希望他们快速地融入我们的“彩虹大家庭”。一个小男孩让我印象深刻，他一上来就抢我手中的棒棒糖，嘴里念念有词：“我要，我要最大的!”他的眼睛却不看我，完全无视老师的存在，直觉告诉我，这不是个普通的“角儿”。

2022年9月1日，开学戴上小红花，真呀真高兴。孩子们都期待着大哥哥、大姐姐来帮忙戴花，这个小男孩却不一般，就是不要，别人帮他把花戴好，他却发了疯似的要扯掉，嘴里喊着：“我不要这烂花，我不要当小学生!”

2022年9月2日，开学第三天……

从开学第三天开始，我真正见识到了，什么叫“大神”：这个小男孩每天早上最晚到，不仅进班不问好，还总是站在教室门口死活不进来，嘴里喊着要回家；上课就趴在桌上，一副懒洋洋的模样，说“上学太早了，没有睡醒”，倾听和专注基本为零，不写字、不听课；天天吃饭困难，经常怎么都不吃，偶尔遇到爱吃的菜又很霸道；一到下课也不整理桌面，铃声一响，立马往外冲。开学没几天，隔壁班级的老师已经来告状多次，说班里的孩子被这个小男生打了。我把他叫来了解情况，才开口问了第一句“怎么了，发生什么事了”，他就挥着拳头想打老师。我稍微提高嗓门吼上一句，他夺门而出，一个人在校园里快活地晃荡，任凭我怎么呼喊，就是不回来……这样的桥段，每天上演好多幕。

这个小男孩就如同一颗定时炸弹，每天要炸上好几次，把老师折腾得心力交瘁。开学前两天，我每天一个电话跟他的父母沟通，开学第三天，就把他的父母请到学校面谈，进行深入了解。情况跟我估计的差不多，这孩子从小被老人带大，完全是饭来张口、衣来伸手，基本没有生活自理能力和动手能力，运动能力也非常弱。孩子的这些行为，其实上幼儿园时就存在，只不过老师和家长都依着他，总想着读了小学就会好的，以后会好的。

这样的“大神”，班里还有好多个，问题虽然没有这个小男孩这么严重，但也是一言不合就发作：为了一块橡皮，可以一直哭、喊、闹，歇斯底里地大喊大叫，地上打滚，那声音真是惊天地泣鬼神；同学稍微碰一下，就一拳揍过去……接触下来，这些孩子都有一个相同的问题：不会吃饭，挑食，想吃就吃，不想吃就一点不碰。别的孩子最多花半个小时用餐完毕，而这些孩子可以一直吃呀吃，食堂工作人员在门口等到花儿都谢了，他们依旧按照自己的节奏慢慢地吃着。我观察了一段时间，发现这些不会吃饭的孩子，往往爱发脾气，而且学习能力也较弱、听课专注力差。

问题多多，冰冻三尺，非一日之寒，要想改变，找到切入口，就从吃饭开始。

二、见招拆招

改变，从“会吃饭”开始。

1. 找到根源，得到家长支持

我把这几个孩子在校的表现拍成视频，发消息、打电话向家长一一反馈，发现这些孩子有一个共同的特点：平时都是老人在带，父母基本上没有参与孩子的教育。孩子上一年级了，在家里还需要喂饭，且挑食得一塌糊涂，家长基本上拿他们没有办法。我跟家长们说明了情况的严重性，并跟他们达成共识——要想改变孩子目前的状态，帮助他们养成良好的生活习惯，在家时一定要让老人往后退，爸妈自己教育和帮助孩子。首先要做的就是放手让孩子自己吃饭。如果在校不好好吃饭，家里一定要采取相应的措施。

值得高兴的是，这几位父母也意识到了问题的严重性，纷纷表示愿意配合。比如前面提到的这个小男孩的爸爸直接告诉他，中午如果不好好吃饭，回家晚饭就只能吃一个苹果。小男孩开始以为我们只是吓唬他，中午照样不吃饭，结果回到家发现等待他的真的就只有一个苹果，意识到我们动真格了，于是便开始乖乖尝试配合。不过，这条路走得也很艰难，眼看着孩子进步了一点点，有时又会一下子跌回原样。有一天吃中饭时，小家伙瞄了一眼饭菜，就纹丝不动地坐在座位上，表示中午不吃了。不管怎么叫他，就是不吃，问他原因，他说妈妈晚上要带他吃大餐，就不吃中饭了。我立马联系他的妈妈，妈妈说："我的原话是，你在校好好表现，乖乖吃饭，晚上带你去吃大餐。"我批评了他的妈妈，家长不要用物质奖励孩子，给孩子以期许，孩子本身就挑食，还要奖励大餐，那不是让挑食更严重吗？妈妈立马意识到教育方式不对，表态取消晚上的大餐，要是孩子不愿意吃中饭，就饿肚子。

其实从案例中不难发现，孩子要成长，父母更该成长。幸运的是，我的学生家长愿意配合，愿意成长。

2. 吃饭"分班"，让孩子有成就感

除了需要家长在家配合，孩子在校时，老师又可以怎么做呢？

我们班有一句儿歌："不会吃饭，必有古怪。"要学本领，先会吃饭。让孩子们知道，会吃饭，太重要了。

一年级第一个学期，对于每天吃饭能光盘的小朋友，我都会拍照发班级圈表扬，让家长们也意识到吃饭的重要性，从而关注自己孩子在家吃饭时的表现。

对于第二个学期吃饭光盘的孩子，我不拍照了，而是给孩子送上光盘的序号。吃饭有快慢次序，不过不建议狼吞虎咽，只要在"收摊时间"内吃完，都是好样的。有了序号，孩子很有成就感。

除了送序号之外，班里吃饭还"分班"：小班、中班、大班、一年级。目的是根据孩子的能力加饭菜，吃完了可以再加，既不浪费粮食，也让孩子有成就感。有些孩子每天吃饭都挑来拣去，基本上都是最后吃完的，那么给他打饭菜时基本量打少一些，称为"小班"，全光盘后再加。一开始，这些孩子很开心，一下子就光盘了，也领到了自己光盘的序号，非常得意，但是几天下来，他们发现问题了，看到自己爱吃的菜也这么少就不高兴了，喊着："我要升班，我要到'中班'。"我拒绝了："不行，再观察几天，如果什么菜都吃、不挑食，我们再升班。"后来，这几个孩子每天吃饭排队的时候都主动跟我说："宋老师，我可以到'大班'了，最近我吃得都很好。"

孩子吃饭快了，不挑食了，神奇的是写作业也变快了，要知道这几个孩子原先写作业都是最慢的。于是，我在班里继续鼓励孩子们："会吃饭了，有能量了，就能轻松学本领。"

从吃饭入手，家校配合，孩子一天天在进步。来看看一开始提到的小男孩，变化是最大的：从啥都不吃，到开始能一次次光盘；从从不为班级做事，到为班级做事好开心；从上课啥都不听，到认真把作业完成，争取成为模范学生。其他老师看到了也经常夸赞他："小贾，越来越帅了，是不是吃饭变厉害了？"小贾得意洋洋："是的，我现在经常光盘，宋老师说我都变聪明了！"

孩子有进步了，并不意味着好习惯就养成了、不用再重视了，还是要持续关注、关心孩子，让孩子习惯成自然。

遇到"大神"，对老师来说也是一种历练，办法总比困难多，慢慢去改变。

学“会”做“能”，厚植孩子发展基石

◎ 杨利霞

一年级的入学时期是孩子习惯培养的关键期，如何培养良好的学习习惯和生活习惯？“小学之路，‘十会’起步”，开学初，俞正强校长就带领着一年级班主任“学‘十会’”“做‘十会’”，从家长会会议内容的指导，到每两周一次的“总结反思会”。一年时间，从“十会”到“十能”，在俞校长的引领下，在前辈和同年级各位老师的帮助下，我充分利用两个抓手，和孩子们一起努力，在习惯方面取得了很大进步。

前几天，拜读了俞校长的文章《教学改革的实践基点：面向孩子成长的痛点》，在“破解痛点之一：重视‘习惯养成’，开发习惯养成课程”中，俞校长解释了为什么将“会吃饭”放在“十会”的第一个：因为“吃饭的拖延、不求快，慢慢地变成了作业的拖延、不求快，这样一个生活习惯就成了学习习惯”。读到这句话，我不止一遍地在心里感叹俞校长的睿智，因为他一针见血地指出了生活和学习之间的重要关系：一个孩子学会了好好吃饭，这个好的生活习惯就会慢慢影响学习，使学习变得快速又有效率，如此这般，一个生活习惯的转变促进了好的学习习惯的养成。我们班就有这样一个真实的例子。

小朱，是一个爱笑、有礼貌的女孩子。开学第一天，班里其他孩子都把午餐吃得精光，甚至因为新鲜感、求表现，连加几次饭菜，当我都被他们的胃口惊呆时，小朱的饭菜却是一动未动。她就这么直直地坐在位置上呆呆地看着我，我赶忙上去询问她是否身体不适或者饭菜不合胃口，她只默默地点点头，一改上午的活泼样子。我想肯定是开学第一天她还不适应，于是跟她妈妈留言告知了情况。结果，第二天她一口都不动，我觉得她是不习惯，第三天还是不吃，我觉得她是不舒服，直到一星期后，我觉得事情没这么简单了。利用下课时间，我和她进行了深入沟通，结果让我大跌眼镜：她不喜欢吃蔬菜；肉也只吃几种，而且要用她喜欢的做法；虾不会剥壳；学校的饭太硬；汤不能有一点浇到饭里面……种种要求甚至让我怀疑她到底是如何长大的，于是便和她妈妈做了沟通，结果妈妈提出了自己送饭。这怎么能行呢！如果连最基本的“会吃饭”都不能解决，那其他“会”还怎么开展呢？我当即否定了妈妈的提议，坚决不行。

思前想后，还得先在父母身上做文章。第一步，我向小朱的妈妈灌输溺爱的危害、挑食的危害，宣扬孩子入学独立性的培养、良好生活习惯和学习习惯养成的重要性。终于，在我软磨硬泡加“适当放手，是帮助成长”的口号式“攻击”下，妈妈放弃了送饭菜的念头。第二步，向她灌输荤素均衡、营养搭配对孩子身心健康的重要性。记得在一次“十会总结反思会”上，盛老师向大家分享了一个对付挑食的小妙招，孩子越是不吃哪个菜，就请家长回去烧那个菜，从吃一口开始，慢慢增加。我把这个方法传授给了小朱妈妈，并让妈妈抓住机会，只要小朱吃了就拍照发给我，我再予以表扬。同样地，小朱如果在学校里吃饭吃得好，我也拍给妈妈，回家表扬。一来二去，小朱终于开始改变了，虽然她吃饭的速度很慢，每次都是最后一个吃完，但是我看到了她成长的迹象：蔬菜会吃一两口了，除了肥肉，会吃其他荤菜了，有时候还来加菜呢。除了吃饭，学习上也开始向好了，学习任务没完成补课时，不会有情绪了，在家时甚至拉上爸爸一起预习、复习，她在识字、阅读、书写等方面都有了很大进步。

这是小朱在一年级第二学期写下的最得意的事：这学期我吃饭吃得更好了，有几次还光盘了呢！或许你会觉得很可笑，“会吃饭”竟然是最得意的事，但是对这个孩子而言，她在这件事上整整努力了一年！对比两个学期我给她写的评语，证明着她在慢慢改变，也证明了生活习惯的改变刺激着学习习惯的养成。

说到底，“会吃饭”就是一项生活习惯，“十会”和“十能”为每一项“会”和每一个“能”都制订了努力的方向和考核的标准，日行、周评、月考，日复一日，习惯成自然。而我也从小朱身上明白了一个道理——“保持善良，保持努力”。那些以前被认为是理所当然的小事，更需要我们去发现、去努力，从细微处落手，抓紧抓实，牵一发而动全身，以“一会”育“九会”。一年级第二学期的“十能”更是在“十会”的基础上，针对每个班的实际情况，为孩子们制订了更详细、更精准的目标要求和考核标准。孩子们有了这根“杆子”，就有了依托，一路向上；老师有了这根“指挥棒”，就能大展拳脚。如此教书育人，真是妙不可言。

很庆幸，跟着俞校长和大家迈上了“十会”“十能”和“新荣誉”育人之路。说实话，做起来挺累的，但回想这一年的点点滴滴，收获比汗水多，成长比以前快，虽然落实的远没有预想的美好，但我会不停地摸索，在教育这场修行中且行且思，一直努力前行。

向上，向光，向成长

◎ 叶静

著名教育家陶行知有句名言："学校的势力不小。他能教坏的变好，也能教好的变坏。他能叫人做龙，也能叫人做蛇。"来到金华师范学校附属小学，我觉得金师附小有一种力量，使我们向上，向光，向成长。第一次教一年级，已是十几年前的事。那时只有两个平行班，开学第一天第一节语文课，教室里便响起"ɑ o e"的读书声。以前我不明白，为什么上课经常有孩子要上厕所，下课老是有孩子受伤，教室总没有隔壁班干净，孩子考试还总漏题。遇见"十会"课程，我才意识到问题出在哪里：我用十年青春写成的"师"，是"头痛医头，脚痛医脚"的状态。

接触了金师附小文化，再教一年级，我吸取经验，从"十会"培养中学做"师"。为了更好地在班里落实"十会"课程，以及更确切地了解班里孩子吃饭和睡觉的情况，8月29日我下发了一份家长问卷。问卷中有一题"孩子是否挑食"，家长反馈的情况不容乐观。可见，对一年级的孩子进行"会吃饭"教育太重要了。我将问卷情况重新梳理，做成了一张"吃饭打气加油卡"：当我看到中午吃大白菜，就提早鼓励不爱吃蔬菜的同学；当看到吃红烧排骨，我又提早给不爱吃肉的同学打气；对于挑食的孩子，每天吃饭时我端着盘子边吃边观察，记录下他们爱吃的菜，鼓励他们的点滴进步！这样做着做着，发现有3个被家长描述在家很挑食的孩子，在校吃饭完全不挑食了。当我关注着孩子们"会吃饭"的习惯培养，孩子们意识到"饭菜倒掉是垃圾，吃掉变成营养"后，他们又有了自己的"小聪明"：小机灵梁同学总结出办法，把不喜欢吃的菜和饭搅拌在一起，就不难吃了；"吃肉困难户"徐同学，整块的肉吞不下，于是他把肉撕碎一点再吃；章同学想出一个绝招，不喜欢吃的菜先在嘴里嚼碎不吞，再灌一口汤顺下去，有了汤什么菜都难不倒他。慢慢地，饭前需要加油打气的孩子变少了，努力光盘成了我们班的一种习惯。在班级的第一周纪事中，陈同学说："每天都准备很多书，结果什么课都没上。"是的，"十会"培养是我们班开学的首要之事，我想让孩子们知道，“十会”中的每件事，都是日常的小事，他们都可以做好。而我，作为他们学习“十会”的引领者，要把“十会”中的每件事当成一件大事做。在经常开展的“十会交流分享会”中，隔壁班仇老师的一次分享给了我启示——习惯的培养要循序渐进。于是，一份《“十会”养成计划表》诞生了，表格里涵盖了“十会”的内容，以及为什么做、怎么做、想达到怎样可衡量的目标等。前期我还做了“十会”养成的《每周登记表》，登记表上有一周训练的重点内容，有分类，还有有效达成目标的途径。比如9月14日—18日落实“会走路”，继上一周落实“楼梯靠右走，走路不说话”的周目标后，在这一周重点提升“放学走楼梯队伍整齐”。为了有效达成目标，我还带领学生学儿歌，并辅以班主任训练、任课老师指导等多方面措施。为别人点灯，也是在照亮自己，培养学生“十会”的过程，也是我进行自我洗礼的过程。

为了有效落实“十会”，融合每日“十能”考评，我们班尝试了多种方式日省。

1.0版本的日省，是我从一年级“家人与感恩”的成长主题中获得灵感而尝试的孩子口述、家长记录的日省方式。在学校有什么开心的、难过的事，和父母聊一聊；今天是不是“日十会学生”，哪里做得好，哪一“会”做得还不够，回家和家长说说。每天睡觉前的亲子日省，让家长对孩子在校的表现有一个基本的了解。不知是不是亲子日省的缘由，一年来，我们班的家长都非常平和，至今没有对班级和学校工作不支持的声音，和我也从来没有面红耳赤地吵闹，更没有得理不饶人地蛮缠。这是以日省落实“十能”带给我的惊喜。

坚持了一个学期的亲子日省，我发现这项工作额外增加了家长的负担，于是有了学生在《沟通桥》上写写画画的2.0版本日省。用自己喜欢的表情、食物代表当天的心情，并简要记录印象深刻的事，有成为“日十能学生”的骄傲，没有成为“周十能学生”的反思……从开学到期末，日复一日的记录，我想让孩子们懂得，每天克服困难记录日省就是“保持努力”。每天坚持日省的同学，期末将获得“金龙奖”。这张奖状可以拯救“模范学生”条例中任意一条没有达标的要求。通过每天的记录，学生实实在在地感受一学期的“能勤”；把经历的每一天定格，让学生真真切切地感受一学期的“能敬”。这是以日省落实“十能”带给学生的收获。

俞正强校长说的名言中，有一句最质朴但对我的触动最大。他说：“孩子高兴了会变聪明，紧张了就变笨，恐惧时会发呆。”我想让我们班的孩子高兴起来。除了让他们每天开心一点，我还特别想知道，这些娃在我们班这个集体里的生活质量好不好，其他老师上课时，他们是不是表现得和语文课一样好。于是一边继续全体学生写写画画的2.0版本日省，一边相伴进行3.0版本的日省。

做着做着，慢慢有了成效。如果0代表心情差到无法呼吸，100代表心情好到起飞，以我们班3个多月形成的256个样本算，我们班学生的快乐指数是69.1。看到这个数字，我觉得一年级学生的快乐值有点低。怎样让孩子们在校能快乐一点呢？第一次透视学生样本清单，提炼导致学生心情好到100分的词语，包括成为“月十能好少年”、得到奖品、多次被表扬、获得荣誉、取得理想的成绩等；提炼学生心情0分的原因，包括春游太热、字差重写、没获得“周十能”、忘带作业、老师出差、换课、比赛输了……找到了让孩子开心和不开心的词语，我就适当增加一些让学生开心的举措。比如放学前提早20分钟收拾书包，带孩子们去做游戏，用有进步的字拯救当天的“日十能”，看到进步就表扬，失败了帮他们寻找优点。坚持日省，除了能了解影响学生心情的关键事件，还能帮助我进行班级管理、了解学生的表现，从而配合科任教师、协同家长一起进行改善。从1.0到3.0版本的尝试，日省提醒我用善念和爱去成全学生，让我们班的“十能”回归温暖的本源。

有一句话常浮现在我的脑海里：“今天早晨，我，一个母亲，向你交出她可爱的小男孩，而你们将还我一个怎样的人？”面对这样的叩问，身为一名老师，以往我总是无言以对，很幸运现在找到了答案：用“十会”和“十能”培养孩子向上，向光，向成长。

坚守原则，不忘初心

◎ 陈群

接触“十会”课程，已然一个学期，从一开始的模糊到现在清晰地了解其重要性，从一开始的不知所措到现在明确自己的初心，这确实让我受益匪浅，有所知，有所得。

我感触最深的一“得”就是要坚守原则，不忘初心。以“会吃饭”为例，小朋友们刚上一年级，吃饭方面的问题还是比较突出的。有的孩子吃得慢，有的孩子比较挑食，这个不喜欢吃，那个吃不来，一会儿吃不下了，一会儿牙齿痛。每次看到他们无辜的眼神，小嘴一噘，小手一伸，我总免不了心软：好吧，好吧，吃不下总不能硬吃吧，牙齿痛吃不下就吃不下吧。有时候跟家长沟通，家长说：“哎呀，老师，小朋友正在换牙，咬不动的、吃不下的就别吃了吧。”有了家长这句话，我更是对“会吃饭”放松了要求。甚至有一个小朋友每天只吃白米饭，什么菜都不吃。家长说，从小就这样，什么都不爱吃，只固定吃几样。过了不久，剩饭剩菜越来越多了，小朋友们对吃饭的认真度下降了。

看到这样的景象，我终于下定决心，一定要有所改变。首先在班里开展了一节班队课，和每个孩子分享交流了食物的来之不易，每一份饭菜上桌，需要经过多道工序，需要许多人力的支出，我们要尊重粮食，尊重别人辛苦的付出与劳动。同时和每个小朋友商量好，如果不喜欢这个菜，可以申请少分一点，但是在碗里的必须全部吃掉，不能有剩菜剩饭，做到光盘。刚开始，还是有不少小朋友想着来试试，有想蒙混过关的，有想撒娇装病的，也有想趁乱逃脱的。我坚守自己的原则，每天吃饭时与分餐老师协商好，就守在剩菜桶边上。碰上想蒙混过关的小朋友，态度坚决，全部拒绝了，让他们回去吃完再来。对于只吃白米饭、一点荤腥都不碰的小朋友，我先是和家长仔细沟通，一下子要求他做到全部光盘，显然是很困难的，于是我们对他适当地降低要求，两菜一汤里自己选择喜欢吃的两种光盘，回家吃饭时也可以不碰肉食，但是必须吃掉蔬菜。如果每天都能做到“会吃饭”了，就给予适当的奖励。

坚守原则，不忘初心。我们的初心就是陪着孩子一起成长，保持善良，保持努力。现在，我们的孩子已经不需要老师监督就能自觉光盘，有时还会反过来监督老师是否做到了光盘呢！

步态轻盈，形象稳重

——“十会”课程之“会走路”三部曲

◎ 叶静

民间有一句育儿俗语，“三翻六坐七滚八爬十二走”，对应不同月龄宝宝的不同发育水平。迈开双脚，不需要大人抱，是对宝宝“会走路”的定义。可悲的是，一旦孩子学会了走路，便很少有人再关注“会走路”。“十会”课程，赋予了“会走路”更多的要求和目标。为了落实班里学生的“会走路”习惯培养，在前辈的指引下，我们亦步亦趋地前行着。

一、知其所以然：“会走路”之原因

都说“意识影响行为”，首先要让学生意识到，“会走路”能使自己变得优雅，还能更加健康和自信。开学初，我通过班队课，先和学生一起统计汇总每天走路的时刻表，通过直观的表格数据，让学生感受到“会走路”的重要性；随后通过模仿蛇爬、鸟跃、大象行等动物的行走，让学生感受到动物有自己“走路”的方式，不能随意换；最后呈现阅兵仪式上解放军走路的视频，给学生强烈的冲击感。开学第一周的午间，每天花十分钟观看阅兵庆典，以此推动学生把“会走路”当作一项神圣的能力，使他们怀着浓厚的兴趣把它做好。为提高“会走路”的质量，我还把“一荣俱荣，一损俱损”的理念根植在他们的脑海中。

二、知其然：“会走路”之方法

凡事预则立，不预则废。为了有效落实学生“会走路”，根据班里学生的走路情况，我分类制定了每周达成目标。

一（9）班9月“会走路”每周计划表

时间	本周目标	学生情况
第一周（9月1日—4日）	1. 知道“会走路”的重要性 2. 知道正确的走路姿势	不足：有十几个学生上下楼梯时往中间走 优点：走路很安静，没有人交头接耳
第二周（9月7日—11日）	1. 上下楼梯靠右走 2. 走路脚步轻	不足：走楼梯要抓扶手、摸墙壁 优点：基本做到人人上下楼梯靠右走
第三周（9月14日—18日）	1. 上下楼梯靠右走，走路不抓扶手和墙壁 2. 队列行走时沿着地上的线走	不足：部分同学走路时低着头看线，和前面同学落下一大截距离 优点：上下楼梯队伍齐、脚步轻
第四周（9月21日—25日）	1. 队列行走时余光看地上的线，和前面同学保持半臂距离 2. 地上没有线可踩时，抬头挺胸看着前面同学的后脑勺走，和前面同学保持半臂距离	不足：还有三四个同学注意力不集中，走路落半截 优点：没有线可踩的路，能做到抬头挺胸
第五周（9月28日—30日）	1. 进行一个月“会走路”的考评 2. 训练放学下楼梯走路	不足：队伍还不够整齐 优点：能做到下楼梯小心慢走

三、保障其所然：“会走路”之考评

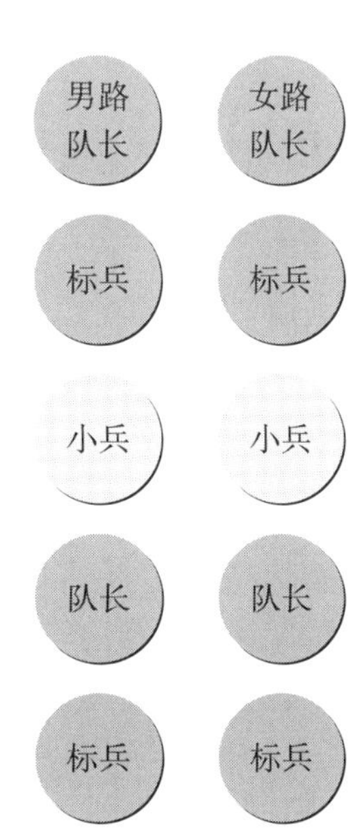

通过开学第一个月的训练，学生在思想上重视“会走路”这件事，在方法上知道了怎样才能走好路。随着学生之间慢慢熟悉，“走路不讲话”成了需要每天“磨耳朵”的提醒事项。于是我利用一年级小朋友喜欢当班干部的劲头，让他们每三个人成立一个走路小组，第一个是榜样标兵，第二个是走路容易出状况的小兵，第三个是走路小队的队长，以“夹心饼干”队形相互提醒。走路时观察，日省时提醒，对需要加强和改正的学生，轻声指出，请走路好、有进步的同学站上讲台向全班展示，把“会走路”这件事化被动为主动，变走路为展示，做细做开心。

凡是过往，皆为序章。在落实“会走路”期间，还有诸多问题。但是通过一个学期的日省、周评、月奖，学生已然明白为什么要“会走路”、该怎么走路。凡是未来，皆有可期。踏好脚下的路，让学生的人生之路步态轻盈，留下的却是深远的印记。

“会排队”篇——两纵队，四队长

◎ 孔宜政

依我惯常的思考，是万万设计不出由四个队长管理两列纵队的法子的，我想，这波操作必是噱头大于实用，直接导致“机构人员冗余”。说来，一切的发生都是“逼上梁山”，却不料因此捡了个“大便宜”。

一、石猴出世

在我原本的思想里，能扛下队长大旗的，一定是以身作则、公正无私的小朋友。庆幸我们班就有这样的好苗子——小汪、小裘，一男一女，他们俩简直就是班级纪律的化身——你想知道“行知中队”啥规矩？跟踪观察他俩一天就行。他们像时钟似的，没有丝毫偏差。最难能可贵的是，他们平日待人友善、包容大气，一旦进入工作状态，便神情严肃、铁面无私，叫同学们心服口服，又敬又爱。

除了这两个“宝贝疙瘩”，老天还送我一只“石猴”——小许。他瘦高个、精壮，一看就是“孩子王”：“正”可修成斗战胜佛，整顿朝纲；“邪”可上天入海，占山为王，玉帝老儿见了他也得礼让三分。

列队时倘若他捣乱，队伍的后半部分定是一盘散沙。为防患于未然，我赐了他一个“弼马温”式的官职——大队长，好让他单独站在队伍最前方举班牌，使他难以搅风动浪。虽说给予他的“名分”在小汪、小裘之上，他的“实权”却被架空，他啥也不需要管。

二、好个“弼马温”

好在此“石猴”的父母本性纯良，他也是个可教的主。

小许全情投入地当着他的“弼马温”，叫我好不感动！于是，我决定将“实权”交到他的手中。对他的点拨，只在一个点，就是“心中有人”。

“石猴”当大队长虽认真，到底还欠些方法。比如他个高腿长，他走一步，小个子同学得小跑两步。一开始他自顾自往前走，根本没有考虑到身后的队员。

“什么叫大队长？就是心里能装下全班同学的队长。同学之所以听你、服你，就因为你心里有他们。你要确保队伍里头，从第一个小朋友开始，到最后一个小朋友，谁也不掉队，一个也不少。你要控制自己的行进速度，让每个小朋友都能跟上，间距相等。”

他听懂了，好好照做，没有同学掉队了，队伍整齐有序。

三、升级“打怪”

他个高、脸黑，霸气侧漏。只要不嬉皮笑脸，露出那颗掉了的门牙，小朋友都有些畏他。

我对他的要求是：执行管理工作时，保持表情严肃，不嬉笑，也不皱眉，更不可动手拉扯。小朋友有做得不对的地方，用眼神示意，或者用手指出问题所在。同学都很聪明，一定会马上改正，我们要相信同学。实在有不服管教的同学，报告老师，老师自会妥善处理。

一年级整理物品，学习分类。三个队长无师自通，也分类工作。路队由小汪、小裘领着向前走，行进过程中若有同学说笑、甩胳膊、蹦蹦跳跳，导致队伍不整齐的，便由小许管理。小许的样貌优势，决定了他较小汪、小裘更具威慑力，不守规矩的小朋友在他身后跟着，服管！

队长职能一分化，我的权力就被“架空”了。原本不守规矩的学生全由我管，我的神经高度紧张，现在小许接手了，我这个班主任倒显得无所事事，顿时一阵轻松。

四、斗战胜佛

三个队长工作有板有眼，大伙儿都服气，一呼百应，自然引来小朋友羡慕的眼神——好威风！

这不，小王同学也来向我申请，想当队长。可是，他是班里的小弟弟，出生月份小，连自己都管不好，哪能当队长呢？他当了队长，队伍管坏了，我这班主任可有的忙！

又转念一想，既然小许这只“石猴”都能通过“给担子、压任务”快速成长起来，为什么不给小王一个机会？可是小许怎么办？

思来想去，我把小许放在了队伍的最后边，也是按个头排他应该处的那个位置。为了安抚他，在队伍行进过程中，他可以随时走出队伍进行管理，周一集会时，我就多用用他。这一用，不小心又把我的实权给“架空”了。比如队伍前头有同学站得不好，我不再亲自走上前去指点。我稳坐中军帐，将想法、方法传授给小许，他快步走向前去，落实到位再大步归位，步步生风。

前三个队长也各司其职：排头的小王高举队旗；小裘手持班牌，小汪、小裘站定整理各自列队，队伍大致整齐后也可下队管理。

队伍行进过程中，他们也各有各的任务：小王边走边控制队伍行进速度，确保大部队整齐有序；小汪、小裘手拉手，榜样示范；小许随时出列指点、训练。

四个队长一起整队时的架势，更是气势磅礴。自从班里有了四个队长，我的嗓子就再也没有沙哑过，而小许的自控能力也越来越好，责任感也越来越强。权力被“架空”的感觉，真好！四个队长的列阵，真好！

播种良好习惯，收获美好未来

◎ 丰涵静

孔子曾经说过："少成若天性，习惯成自然。"意思是小的时候养成的习惯就像人的天性一样自然、坚固，甚至就变成天性了，以至于长大后所取得的成功、创造的奇迹，很多方面都受小的时候养成的习惯所支配。由此可见，一个人的习惯是多么重要，习惯甚至可以决定一个人的命运。

踏入金师附小的第一年，我与我的孩子们共同学习了"十会"，它教孩子们怎么吃饭、睡觉，怎么走路、排队，还教孩子们怎么听说、游戏，怎么问好、求助，甚至怎么打扫、整理。作为第一次接触"十会"的新老师，我起初并不是特别理解这个内容的实施意义，总觉得书本的知识最为重要，但是看着学生的成长，再回忆带前一批孩子的情景时，脑海中不禁产生了对比：因为晚睡而早上起不了床被父母、老师批评的学生少了；因为走路排队不整齐而需要重走的孩子少了；分配劳动任务时，会打扫的孩子多了；上课时，会倾听的小耳朵多了……"十会"教会孩子的是一些生活的小技能，如果把这些都学会了，那孩子良好的行为习惯也就养成了，而良好的习惯是孩子学好知识的基础。我们并未在第一个月的校园生活中传授给孩子很多书本知识，当"十会"在他们的心中发芽时，他们就会变得更加自信，也可以以更好的状态投入到学习当中。

在"十会"的学习过程中，学生产生问题最多的就是"会游戏"。按理说上完四十分钟的课，做一些游戏放松放松、调整一下状态，还是值得提倡的。可问题在于，不少孩子做游戏时情绪沸腾过了头，课间十分钟成了学生校园伤害事故的高发时段。课间休息怎样才能既安全又有意思呢？这个问题在开学初一直困扰着我。我开始向网站寻求帮助，向其他老师取经，最后，终于确定下了我的"试试计划"。

首先，班级召开关于文明课间游戏的主题中队会，引导学生认识不当的游戏方式可能对身心造成的危害，并自由发表意见，提供文明游戏的方法和意见，使同学们从思想意识到行为要求上全都统一起来，认识到文明游戏的必要性和迫切性。同时告诉他们该怎么休息、怎么游戏，并充分利用“十会”手册中关于“会游戏”的要求，在队课上讲解、贯彻、渗透，并用儿歌的形式帮助孩子记忆：“小朋友，要牢记，文明有序爱学习。不追逐、不打闹，不爬栏杆、踩桌椅。课间读书或游戏，沉稳安详守纪律。”这样呢，孩子们的各种行为有了一个约束、一个标准，而且逐渐养成习惯，日常践行的表现就好多了。

其次，充分利用班级的图书角，鼓励学生下课时进行阅读。这样既让学生养成了喜欢看书的习惯，又减少了课间的打闹。每当我在课间看到很多孩子在书柜前徜徉，取出自己心仪的那本，或站，或蹲，甚至有的席地而坐，津津有味地阅读时，总是感到由衷的欣慰。

最后，利用数学资源——七巧板，让孩子在文明游戏的同时也有所学习。

通过一个学期的落实，孩子们从实践中慢慢了解了“会游戏”的含义，知道了多种文明的休息、玩耍方式。

在“十能”“十会”实施的过程中，在这几年的共同成长、学习中，我感受到了学生习惯上的改变。有这样一句名言：“播种行为，收获习惯；播种习惯，收获性格；播种性格，收获命运。”只有养成了良好的习惯，才能帮助孩子走得更远，拥有更美好的明天。

借助实践，落实“会打扫”

◎ 胡巧妹

告别了幼儿园生活，孩子们步入小学生涯。在这里，清洁卫生工作不再由教师包办，而是主要由孩子们自己来承担。一到打扫卫生的时候，孩子们就情绪激昂、干劲十足，看到废纸、脏物等，马上投入“战斗”。孩子们是如何完成这项工作的呢？让我们一起到劳动的现场看看吧。

（1）随心所欲式：发现哪个地方有“敌情”，就去哪里“战斗”。

（2）猴子掰玉米式：正在打扫一个“战场”时，眼睛一瞥，突然发现了另一个“战场”，于是马上抛下手中的“敌人”，奔赴新的“战斗岗位”。

（3）直线式：认准一个“作战对象”，一直把它押到“我方”的大本营为止，也不管沿途是否有“投降的敌人”或者“漏网的敌人”。

（4）扎堆式：打扫的孩子扎堆在一起，看着很认真，实则在聊天。

孩子们有这么多的“作战方式”，其实是因为他们中的绝大多数人从没有过扫地的经验，虽然干劲十足、热火朝天，但效果并不好。最后的结果是费力不讨好，下次打扫卫生时，混乱场面依然如故。那么，如何指导学生高效地打扫卫生呢？

一、将卫生意识深深植入孩子们的头脑中

首先要让孩子们明白为何要讲卫生，特别是对于低年级小学生。针对班里学生卫生习惯不好的情况，我总是口头让孩子们改正。可是每次检查时，还是会发现地上有很多细碎的杂物，结果不尽如人意。

从11月开始，我便和孩子们一起利用少先队课的时间讨论班里卫生方面的问题。孩子们认识到：讲卫生，是一个人最基本的习惯要求，每个人都讲卫生，班级环境干干净净，才能心情舒畅，做起事情来效率才更高。

接着我又顺势而导：如何才能拥有明亮而干净的教室环境？孩子们经过自己的思考、讨论达成共识：要学会打扫。

慢慢地，我和孩子们都形成了一种习惯：课间，孩子们发现地面上有垃圾，能主动地捡起来；上课之前，我看一看教室地面卫生，只要我往孩子所在位置的地面上瞅一眼，那个孩子就下意识地低头检查是否有垃圾需要马上捡起来。

这样，孩子们知道了为什么要这样做、应该怎样做、这样做有什么好处等，把良好的卫生意识深深地植入头脑中。

二、将卫生工作细化，抓落实、见行动

接下来，我做了以下工作：排好班级卫生轮流表，培训值日生，制订值日制度，加强卫生工具的管理，等等。

1. 排好班级卫生轮流表

首先，我和孩子们一起排好班级卫生轮流表。根据孩子们的不同特点，将教室地面卫生、教室门前走廊卫生任务包干到人，做到“人人有事干，事事有人干”。

先选出固定的拖走廊的孩子2人，整理水杯筐子的2人，擦黑板的2人，整理讲台及教室后排的2人，共8人。其余的32人分成四个大组，每组8人，8人又分成4个小组，分别负责第一排、第二排、第三排、第四排地砖。每个组按周轮流，那些没有轮到值周的孩子，要求每人带一本课外书，坐在走廊上看书。

2. 培训值日生

值日生有好的值周技巧，可以事半功倍，所以我很重视值日方法的指导。每周布置两三次卫生技能作业：练习扫地、擦窗、收拾桌子、收集垃圾，知道如何拖地、何时拖地效果最好。先在队会课上集体讲解值日技巧，再对值日生进行个别指导，争取每一个值日生都能获得合格的“上岗证”。

由于孩子们没有打扫卫生的经验，要让他们学会，必须手把手地教，先让孩子们看老师怎么操作，然后再学着做。第一组同学学会了，就让他们当“小老师”，教会其他组的孩子，如果还有不干净的地方，就发动孩子互相帮忙。

因为孩子们年龄小，自控力有限，后期反复、持续、经常地抽查、督促和个别辅导也是非常必要的。

3. 制订值日制度

制订《班级卫生公约》，请全班同学遵守。从每组值日生里挑选一个认真负责的同学担任小组长。由小组长带领组员做好值日工作，记录组员的打扫情况，汇总并汇报值日情况及当天值日检查的结果。

班级卫生公约

一、值日生每节课后要把黑板擦干净（如果值日生忘记，值日组长要提醒）。

二、每个小组做一周卫生，以午餐后的卫生打扫为主。抹地结束后，将抹布放回教室里备用。

三、值日生用抹布将所在位置的卫生清扫干净，并将垃圾放入相应的垃圾桶内。

四、每个人在15分钟内完成岗位任务。

五、值日生要将卫生工具摆放整齐。

六、放学扫地后，班级桌子摆放整齐，组与组之间横向、竖向都对齐。

七、离开教室前，值日生要检查班级窗户、电灯、电扇是否已关闭。

八、班级卫生贵在保持，不得随意将果皮纸屑丢在地上。

九、总体要求：抓紧时间不打闹，地面干净无垃圾，桌椅对齐一条线，物品摆放要到位。

4. 加强卫生工具的管理

对于卫生工具的摆放，我也进行了一番管理。请每天的值日生按要求拿好、放好卫生工具，由组长监督摆放情况。

三、技巧上注重训练，结果上注重评价

我经常让孩子们进行小组之间“会打扫”的限时比赛，并与班级小组活动挂钩。请值日生在规定时间内打扫好，再由每组大组长进行错组检查，用这样的方法激励孩子们讲卫生。

营造良好卫生环境的秘诀不在于打扫，而在于保持。由于经常性地检查教室卫生，孩子们日常保持也做得很好，除了周三进行大扫除值日之外，每天放学后教室里基本不需要留值日生。

下一步，我想在孩子们的个人卫生方面再下点功夫，切实提高孩子们的个人卫生。希望每个走进我们班级的人，都能看到教室优美的环境和学生们整洁的着装，为此我们还要继续努力。

对“会打扫”的一点思考

◎ 金红果

“十会”课程是新生入学后培养习惯的有力抓手，已经得到家长和社会各界的广泛认可。我们的班主任是负责的，更是智慧的，在几年的不断摸索和改进中，在每年的班主任经验交流中，已经将“十会”践行得更加完善。我就“会打扫”这一点，结合自己的做法，谈一点自己的思考。

劳动是中华民族的一项传统美德，爱劳动、会打扫应该成为每个孩子的习惯和技能。学校非常注重学生劳动能力的培养，因而把这一项也作为新生入学的“十会”之一。在班里，我们要创设各种劳动机会，即设置岗位，让每个孩子都有打扫的劳动机会。

一、岗位设置：由少到多，逐步完善

刚入学的孩子劳动能力参差不齐，适应能力也有差别，因而不能急于四面开花，也无须一步到位，可随着孩子们小学生活的不断打开而逐步丰富。入学后，可根据孩子的能力，先设置“晨间百灵鸟”“黑板美容师”“神气路队长”“贴心小管家”“白猫小卫士”等岗位，让部分孩子先干起来。很多孩子一听这样的岗位名称，看到同学站到了这样一些岗位上，就会心生羡慕，从而调动劳动的积极性。

二、岗位实践：耐心指导，建立参照

从第二、三周开始，就可以利用以老带新的模式了。部分孩子已经掌握了劳动技能：怎么扫地不会遗漏，怎么擦黑板又快又干净，怎么摆放劳动工具整齐有序。让这些小师傅传授经验，岗位人数由一位逐步扩大到两三位，甚至更多。岗位人数多了之后，就可以进行分工的细化了，如每个大组各由谁扫，擦黑板上午、中午、下午如何分工。小师傅还要负责指导到位，不断提升他们的责任心和荣誉感。

三、岗位评价：及时多元，激发兴趣

岗位评价要更多元有趣，这样孩子才会有更多的兴趣。如每周进行自评，每月进行互评，选出“岗位之星”，只是常规的评价方式。还可增加一些有趣的激励性评比，如对于不仅完成本职工作，还能额外完成班级事务的同学，可由同学提名，并将写有名字的纸条放入“好事罐”里。每到周五，从“好事罐”中随机抽取几张纸条，给被抽中的同学发小奖品。稳定的评价机制、多元和开放的评价形式，让孩子对劳动岗位产生极大的兴趣和不断改进工作的积极性，让每个孩子都能把劳动做得越来越有劲、越来越专业。

"扫"清思维，"理"优空间

◎ 宋孜

现在，越来越多的老师和家长意识到，小学低段是养成良好习惯的重要时期。习惯好了，随着年段的升高，成绩自然不会差。那么我们到底该培养孩子的哪些习惯呢？作为教过多届一年级的老师，我认为"会整理"和"会打扫"是一年级习惯养成中非常重要的两个本领。

【情境描述】

为什么要学这两个本领？

收作业了，会发现有些孩子的作业涂涂改改、字迹不清晰。相信老师看到这样的作业都会非常头痛。

班里进行练习，会发现孩子又漏做题了，不是线没画，就是一整道题空着没做，或者是抄下来抄错了。

从早到晚，老师们除了教书之外，还得管好多杂七杂八的事：孩子一会儿跑来找你，说铅笔盒落在家里了，要不就是作业本忘了带了，一会儿上完体育课回来，校服也不知道扔哪里去了……

【反思与分析】

这些事情虽然是平时的工作中十分常见的事，却也是最让老师们头痛的。仔细分析这些现象，会发现这些问题总是集中在个别孩子身上，而有些孩子就不这样，每天清清爽爽的；为什么有些班级这样的问题少，而有些班级这样的问题却非常多呢？其实归根到底，都在于孩子"会整理"和"会打扫"这两个习惯没养成。因为他不会整理、不会打扫，所以他不知道，作业本的角翘了，是要抚平的，本子是需要保持干净的；因为他平时整理东西毛毛糙糙、不按顺序，经常丢三落四，所以做题的时候也会经常不按顺序做，出现漏题的现象；因为他没有养成做完作业及时整理的习惯，所以经常会忘带东西。不会整理、不会打扫的孩子，书包往往是乱糟糟的，抽屉如同垃圾桶。

一、确定标准

如果班里的孩子把这两个习惯养得好，老师平时的工作就会轻松不少。那怎样才算“会整理”“会打扫”了呢？我们首先要有个标准。

1. 会整理

（1）在家：自己动手，及时收拾，有序摆放。

（2）在校：及时收拾，提前准备，保持整洁。

2. 会打扫

讲卫生，爱劳动，知道擦桌子、扫地、拖地的基本方法。

（1）在家：会主动打扫自己的房间，能把写字桌收拾得干净整齐，地面打扫干净。

（2）在校：积极劳动，能自觉完成值日工作，主动帮助打扫教室，并及时擦净、整理自己的课桌和饭桌。

如果孩子能做到这些，我们就可以评定他已经学会这两个本领了。

二、科学落实

以金师附小彩虹中队为例， 看看这两个本领是如何落实的。

1. 手把手仔细教

从书包的整理，抽屉的整理，柜子的整理，课前学习用品的整理，到劳动工具的摆放，自己穿着的整理……一件件都手把手示范给孩子们看，教会他们如何整理才美观，然后一遍遍反复训练。这些内容可以有计划地教给孩子们。就拿整理书包来说，我们得先教孩子如何进行文具的分类，而分类其实是我们一年级数学的一个知识点，所以说生活和学习其实是相通的。学会了如何给文具分类之后，再开始教孩子如何整理书包。千万不能只训不教，因为没有一个孩子天生就会整理，这些本领都是需要我们帮助他们学会的。

我们可以用一些儿歌来教孩子养成好习惯。比如下课了，老师可以说“下课铃响，快快收拾”，孩子们立马回应“一收，二拿，三放，四喝，五移，六捡，七走”，老师和孩子们一边念，一边做整套动作，一气呵成，一分钟之内做完。从一年级开始练习，到现在三年级了，我们班的孩子们把随手整理当成了一种习惯，不需要太多提醒。

2. 常抽查，促养成

老师需要经常在教室里转一转，打开柜子查一查，翻开书包看一看。一年级第一个学期，每节课的下课铃响后，班主任都可以到班里去转一转，看看孩子们课前准备的情况如何，隔三岔五地在班里进行“整理能手”的评比。不定期的检查多了，孩子就会对自我的行为进行约束。

好习惯的养成是一个持续的过程，不是短时间内就能成型的。除了突击检查之外，还得有一定的考评制度。我们班自己设计了一本家校联系册，把“十会”也结合进去，有日评、周评，有校评、家评，家校合作，监督到位。

如果孩子在某方面没做好，那么他的号码牌会被贴在班级前面的黑板上，被贴的孩子有一个“自我拯救”的机会：一天内为班里做五件好事。如果到放学之前，孩子能找到并完成五件好事，这个号码牌就可以还原；如果放学了，孩子还没有主动把自己的号码牌“拯救”出来，那么当天的家校联系册上相对应的这一栏就会被做上记号，直接影响到期末的考核。有了这个“做好事”的补救措施之后，班里的角角落落变得更干净：水壶的带子挂下来，孩子会去卷起来；门后面的缝里有灰尘垃圾，孩子会一点点理出来；垃圾桶下面脏，孩子会用纸巾擦干净……为什么叫“做好事”，不叫“惩罚”呢？因为这会让孩子觉得，“自我拯救”是一件光荣的事情，通过为班级打扫、整理，既锻炼了这方面的能力，又为班级的整洁出了一份力，一举多得。

3. 家校合作，监督到位

要养成这两个习惯，光靠学校、老师的力量是远远不够的，家长的配合也很重要。所以，我们要在第一次家长会上和家长们达成共识，要让孩子在家里多做家务，多整理房间，一定要自己整理学习用品。家长帮孩子做得越多，孩子不会的越多。让孩子玩好玩具、做完作业及时收拾，每天养成好习惯，作业做完立马准备第二天要用的铅笔、橡皮等文具，整理好书包和上学要用的东西。

像这样家校相互配合，持续去做，孩子的整理能力一定会越来越好。现在任何时候走进我们的教室，都可以看到学习用品是摆放整齐的，座位无人时凳子是摆在桌子下方的，书架上的书也是按序摆放的。若是下雨天，孩子们把雨伞带到学校，也会整齐卷好挂在架子上。一个会整理的孩子，他的书包一定是整齐的，他的作业一定是干净的，他的课堂笔记一定是清晰的，他的房间一定是整洁的。这样的孩子，他的学习环境一定是舒适的。

学会了这两个本领之后，孩子的生活能力会大大提升，学习能力也会悄悄提高。因为会打扫、会整理的孩子做事情一定是有序的，这样的孩子的空间思维能力一定不会差。所以打“扫”可以清思维，整“理”可以优化空间。

一年级要重视孩子习惯的养成，虽然一开始老师会很辛苦，但慢慢地，随着孩子年段的升高，班级管理中这些琐事会少很多，教室变得更干净了，学生变得更安静了，教学变得更有序了，老师们也就变得更温柔了。

“十会”伴成长

◎ 陈英英

一年级的孩子天真烂漫，刚从幼儿园踏入一个新的学校，他们要学会的本领有许许多多，要养成的习惯也涉及方方面面。在课堂上，他们要做什么、怎么做，不该做什么、为什么，每一项都离不开教师的引导和教育，所以班主任的管理智慧便显得尤为重要。

即使是今天，再回想起多年前带一年级时的情景，还是觉得很可怕。恍惚记得每天都像在打仗，天真好奇的调皮蛋们总是可以给我带来各种惊和喜，处理不完的琐碎导致我每天总是一脸疲惫、手忙脚乱。而如今，再带这些“小皮猴”，我心中却是有底气的，因为我有了法宝——“十会”课程。我知道了我该干什么，又将如何干！我知道了要让跟着我的这些孩子在这个阶段养成什么好习惯，知道了该如何帮助他们。是的，“十会”课程，为我拨开了迷雾，为我指明了方向，它让我的工作更有序、更有效、更有法！

以前带一年级，我最头痛的是孩子们的卫生问题。仍记得，把小朋友们送出校门后，我回到教室一个人默默扫地的场景；仍记得，那时有个家长心疼我，便总是到教室帮我拖地的画面。现在想想，其实是因为自己没有用对方法来培养好孩子的卫生习惯。

说实话，现在大部分孩子，在家都是衣来伸手、饭来张口。家长们总是想着孩子还小，让他们来收拾，可能还会帮倒忙，所以理所当然地剥夺了他们的劳动权利，导致孩子们在劳动方面的技能往往都为零。可是，在学校这个大集体中，孩子们必须得打扫教室，为班级卫生尽自己的一份力。于是，零技能的孩子们便在教室里象征性地挥舞几下扫帚、拖把。有了前车之鉴，我想，培养学生“会打扫”的习惯刻不容缓。对于一年级的小朋友，单纯的说教基本是无效的，最好的办法便是手把手地教，并且内容要简单一点、实在一点。

为了培养“会打扫”的习惯，我从以下几个步骤来实施。第一步，提高认识，引导学生对打扫卫生产生兴趣、认同和信心。我先带着孩子们一起认识扫地的目的和重要性。为什么要扫地？孩子们争先恐后地答：扫地不但可以让环境更干净整洁，还可以锻炼身体；可以为班级贡献自己的力量；可以学到很多书本以外的本领；等等。再给孩子们看了一些“劳动达人”的视频，让他们产生崇拜之感。有了这样的意识以后，开始第二步，明确具体标准。老师拿着扫帚、畚箕教孩子们怎么样正确地扫地，左手怎么拿，右手怎么握，身体要以什么姿势，等等。接着进行第三步，适时开展榜样教育，请几位能干的孩子当小老师，一对一地指导不会拿扫帚的小朋友怎么拿、怎么握，争取每个“徒弟”都过关。除此之外，进行第四步，我邀请了几位扫地特别认真的小朋友录制打扫教室的视频，告诉孩子们扫地时要有顺序，从第一桌抽屉下开始扫，慢慢扫到最后一桌，不能东一扫帚西一扫帚，还指导孩子们遇到特别脏的地方时该怎么处理。通过学习，孩子们对如何打扫已有了一定了解，但是要养成一个习惯，还需要坚持不懈的训练。为了激发孩子们的主动性，我开始了第五步，及时评估和奖惩。轮到的值日小组可申请免监督，如果不用监督仍然能又快又好地完成任务，就奖励录制视频，作为榜样在全班表扬。为了能当好榜样，孩子们互相监督、互相帮助，“会打扫”的技能也在日积月累的劳动中形成了。

环境对人的影响是巨大的，良好的风气会成为孩子养成好习惯的支持力量。孔子说：“其身正，不令而行；其身不正，虽令不从。”由此可见，教师的言行举止对孩子来说是多么重要呀！特别是一年级的小学生，他们对教师有着特殊的期望和依赖，所以他们在观察老师时会产生一种放大效应和模仿效应。这也就是人们常说的，孩子身上往往可以看到老师和家长的影子。作为与孩子们朝夕相处的班主任，我更得要求自己做好榜样，做好正确的行为示范：当发现地上有纸屑时，我轻轻弯腰拾起；当发现黑板、课桌没擦干净时，我默默地重新擦一遍；当卫生工具摆放不整齐时，我不动声色地让它们各就其位……虽然没有高深的道理、深刻的说教，但是孩子们看在了眼里。慢慢地，班里越来越多的孩子会像老师一样，看到垃圾会不声不响地拾起，会主动扶起劳动工具，会默默地将垃圾桶中的垃圾清空、套好垃圾袋。

看到孩子们的这些细节，我总是不吝夸赞。偷偷拍一张他们劳动时的照片，用手机投影到电脑上，在全班同学面前表扬他们的好行为、好品质，让他们感受到做好事的快乐。不仅如此，我还会把照片私发给家长，特别提出表扬和感谢。虽然只是一些小事，但是作为家长，看到自己的孩子被老师表扬，心中总是欢喜的。可想而知，孩子回家后，肯定也少不了受家长的一顿夸了。榜样发挥的示范作用，激励带来的动力，让孩子们对养成好习惯充满了信心。

“十会”伴成长，这个成长不仅仅是孩子的，也是我的。它让老师更有法，它让孩子更有序，它让家长更心安。“十会”，是我们送给孩子一生受用的礼物！

“十会”“十能”好习惯，日积月累大教育

——谈小学一年级学生“会整理”习惯的培养策略

◎ 楼玲敏

叶圣陶先生说过：“教育是什么？往简单方面说，只是一句话，就是要养成良好习惯。”习惯的力量是巨大的，人一旦养成一个习惯，就会不自觉地在这个轨道上运行。如果是好习惯，就会受益终身，反之，就会在不知不觉中阻碍自己的发展。有研究表明，3岁至12岁是人形成良好行为习惯的关键期。12岁以后，孩子已经逐渐形成许多习惯，再想让良好习惯扎根就困难多了。这说明，儿时养成良好习惯对人的一生具有决定性意义。

一、深思广虑，制订规则细要求

俗话说：“没有规矩，不成方圆。”对于每一种“十会”“十能”习惯的培养目标，我都提出明确细致的要求，让学生知道怎样做、做到什么程度。例如，对于及时有序整理书包的习惯，我制订了细致的要求。

年级	书包内用品放置要求	笔袋内用品要求
一、二年级	书包由外到内依次是：语文作业袋、数学作业袋、语文课本、语文听写本（夹在书中）、数学课本、算术本（夹在书中）、当日其他科目的课本。字典放在附兜里（没有附兜的放在语文课本前面），水杯放在侧兜里	5支铅笔（贴上姓名贴）、1块橡皮、1把尺子（或三角板）

这样，学生每天晚上做完作业后，就可以按照顺序整理好书包，第二天上课的时候，按照顺序就会很容易地找到相应学科的学习用品。学生的书包整齐了、减轻了，更重要的是，学生丢三落四的现象明显减少了，上课找不到学习用品的少了，家长追到学校给孩子送学习用品的少了。

更可喜的是整理书包的良好习惯辐射到了整理书桌、整理房间上，很多家

长反映，孩子家里的房间和书桌物品的摆放也明显比以前整齐有序了。

二、强化训练，三步两点常循环

学生的好习惯不是一朝一夕培养成的，需要不断地引导、监督、强化训练，以达到内化于心、外显于行的境地，最终形成终身受益的良好习惯。“三步两点常循环”就是一种培养好习惯的好方法。三步，是指好习惯培养过程中的三个步骤；两点，是指每一个步骤中的两个要点；循环培养，是强调好习惯培养需分目标层次反复训练，历经多次循环提升，最终达到稳定自觉成型，形成好的条件反射，实现好习惯的养成。

以小学生“会整理”习惯的培养为例。小学生天性好动爱玩，大多没有整理的好习惯，各种学习用品摆放得乱七八糟。如何才能让小学生学会有条理地摆放自己的学习用品呢？我在实际的班主任工作中进行了探索。

首先要让孩子们明白整理学习用品的基本要求。开学第一周，播放消防员队列展演视频，全方位参观消防员的宿舍内务。孩子们被消防员叔叔整齐的队列吸引，被消防员叔叔宿舍用品摆放的整齐度所震撼。学生们的模仿学习能力很强，我以此为契机，帮助学生养成“会整理”的好习惯。“小朋友们，你们喜欢消防员叔叔吗？长大想像他们一样吗？”“想！”孩子们异口同声地回答。“那今天我们就来比一比看谁能做得最好，把你们的课本、作业本、铅笔整理得整整齐齐。”我先示例将讲台上的物品摆放整齐后，再让孩子们参照学习，同时发挥同伴效应，请一名孩子上台示范整理。孩子们立刻整理起了各自的学习用品，不一会儿，全班同学就把自己的学习用品摆放整齐了。这是引导训练的第一个要点，合适的契机即为消防员叔叔队列与宿舍内务整齐。

第二个要点是标准要求，参照消防员叔叔宿舍内务用品的摆放标准，引导孩子们向消防员叔叔学习。此时，我对全班进行表扬：“一学就会，小朋友们观察很仔细，做事很认真，以后你们也要时时不忘把学习用品摆放整齐，就像消防员叔叔那样时刻做好。”这是第三步效果评价。这种鼓励为主的评价方法，让孩子们乐于参与，为继续训练打好基础。这明确了下一步目标是保持好习惯，时刻做好，而不是一时做好，这就形成了好习惯养成的第一个循环。学生们自觉地将各种学习用品摆放整齐，我向学生们竖起了大拇指：“你们表现得真不错，让爸爸妈妈也看一看你们的成果好吗?”然后我把一些物品摆放整齐的桌面拍照，发送到家长群进行表扬，家长们看到后也纷纷点赞。这个方法不仅鼓励了学生，也激励了广大家长，当孩子们在家写作业时，家长也按学校的做法要求，鼓励孩子做到条理整齐。

为巩固初期取得的成果，班内设立了“整洁小能手”勋章。得到勋章奖励的孩子，个个洋溢着自豪的神情，没得到奖励的孩子，也都在心里暗暗较劲，下周一定做好。这种争先恐后的精神，使好习惯培养成为孩子们的自觉行为。在教师的引导和家长的帮助下，孩子们的“会整理”习惯有了较大的提升。借助这种循环培养方法，孩子们不自觉地把好习惯重复练习、入脑入心。

半个月后，我把孩子的书包、桌椅也加入整理的范围，鼓励家长们也行动起来，让孩子们从整理自己的书桌、房间开始，做一些力所能及的家务。孩子们的成效越来越明显，来自学校、教师和家长方面的鼓励和表扬也不断激励他们不断扩大训练范围。一个月后，孩子们真正成为一个个“整洁小能手”，他们的文具、书包、桌椅基本都能够整整齐齐、有条有理。

经过一个月的训练，学生们的“会整理”习惯已经成为稳定、自觉的行为，这一好习惯已经养成。当然个别孩子存在一定的差距，但在老师、家长和同学们的帮助下，再坚持训练一段时间，相信他们也一定能养成好习惯。在之后的学习生活中，这种方法还可以延伸到养成“自己的事情自己做”的习惯、“学习专心”的习惯等。

三、创新评价，不断摸索求自律

一是代币评价助推习惯养成。每一个学生都有自己的闪光点，他们都希望获得赞誉、被别人羡慕，这种赞誉和羡慕，就是他们继续前进的动力。为了让每一个学生都有展示自我的机会，体验成功的喜悦，我组织学生商讨制订了《“十会”“十能”代币评价细则》，引导学生通过良好的行为表现获取代币，再用积累到一定数量的代币换取自己喜欢的物品。为了获得奖励，学生们必然会对良好行为产生兴趣，主动表现良好行为，从他律转向自律，从而促进自我发展。同时，我将代币制评价与“争星活动”有机结合，每月评选“学习之星”“阅读之星”“卫生之星”“礼仪之星”“守纪之星”“运动之星”等，营造人人争当明星的氛围，有效助推了学生良好习惯的养成。

二是多彩活动激励习惯养成。在评价的方法上，我一改过去说教、抽查的单一评价方法，坚持评价方法的趣味性与实效性。例如，在培养学生有序整理书包习惯的过程中，我开展了“限时整理书包比赛”“闭眼从书包里摸出指定书本比赛”等趣味性活动，引导学生在丰富的活动中强化好习惯，在有趣的情境体验中感悟好习惯，激发学生的自律意识。无论是培养好习惯，还是消除坏习惯，坚持不懈至关重要。

同时，我坚持“日省、周评、月奖”的策略，只要看到学生没有按照细则要求去做，就及时指出，每天放学前抽一段时间让孩子自己省察，每周班队会总结一周习惯养成的情况，每月组织一次各项习惯小明星的评选，并颁发奖状、在宣传栏中展示。

“十会”“十能”习惯的养成需要反复训练。习惯是经过反复训练才能形成的一种稳固的、自觉的方式。只有后天不断反复的训练、培养、强化，才能使孩子们的好习惯固化成为孩子们的自觉行动。

用情育，用心管，用智引

◎ 胡叶红

当孩子们高高兴兴地背起新书包，走进小学校园的时候，他们人生的第一个航班也就启航了。小学之路，“十会”起步！在“十会”“十能”的引领下，我每天都在忙碌着、思索着、改进着、提高着。一年的“十会”“十能”工作，我想用九个字概括——“用情育，用心管，用智引”。

一、用情育

爱学生是教育学生的起点和基础，教育是爱的延伸。鲁迅先生曾说过：“教育是植根于爱的。”爱学生，就必须把自己当作学生的朋友，去感受他们的喜怒哀乐。有时，一个关爱的眼神、一句信任的鼓励，都能赢得学生的爱戴和信赖，会使他们的潜能发挥出来。

我们班有个非常特殊的孩子，一年级刚入学时，他天天发脾气，每天都骂骂咧咧要把学校“炸”了，要把老师“炸”了，要把自己“炸”了。任课老师很痛苦，因为他影响了教学秩序；其他小朋友很痛苦，因为他吵得大家没法安静听课；作为班主任的我更痛苦，任课老师要向我告状，其他小朋友要向我告状，别的家长要向我投诉。我找他的家长沟通，家长总是一副不解的样子说：“我真搞不懂这孩子！怎么这么难弄，小孩子么给他吃饱穿暖不就好了吗？”

百无头绪之下，我只好向俞正强校长请教。校长看了他发脾气的样子，反问我：“这个孩子为什么会这样？”为什么？我还真说不出一个明确的原因，他每天发脾气的次数太多了，一发脾气就根本无法沟通。俞校长观察了一会儿，说：“你不要急，这个孩子，要一下子就改变他是很难的，你有空多牵牵他的小手。”听了校长的这个“法宝”，我当时有点失望：多牵手会有效吗？可是家长不支持，我自己又没有更好的办法，那就试试吧！

从那以后，一下课我就到教室，找到这个孩子，牵着他的手，陪他上厕所，陪他喝水，陪他逛校园，陪他天南地北地瞎聊。一段时间后，我发现这个孩子发脾气的次数少了。我什么都没做啊，只是天天牵着他的手走走而已。我故作惊讶地问他："奇怪，最近你怎么都不'炸'学校，不'炸'老师了？"他一本正经地说："才不'炸'了呢，你对我这么好，'炸'了我去哪上学啊！我要把我爸开除了，他最坏。"小朋友愿意敞开心扉和我交流了，原来是个缺爱的孩子啊，这时我才领悟到校长让我多牵他手的真谛：没有爱就没有教育。爱，是管理一个班级的基础。只有对学生倾注了爱，让学生感受到老师的爱，才能获得学生的信任和尊重。教师对孩子的爱，胜过千万次的说教啊！

二、用心管

一段时间的牵手陪伴后，这个小朋友发脾气的次数少了，但想要让他彻底改掉发脾气的毛病，光靠陪伴还远远不够，还需要制订科学的培养计划。通过一段时间的陪伴、观察、交流后，我发现这个孩子最大的问题就是习惯差，"十会"要求的内容他基本都做不到，他又不愿承认做不到，也不肯虚心地学，所以他就用发脾气的方式表达自己的抗议。

发现这个问题后，我又找家长沟通，希望家长能配合我做好"十会"的养成教育。家长并没有意识到问题的根源所在，他们说："'十会'我们肯定是会教的，但现在他天天发脾气，我们希望他先学会控制情绪，学会思考。"家长自行在孩子《沟通桥》的"十会"考核上加上了"会控情""会思考"。他们还告诉我已经带孩子去医院看过了，这是精神疾病，需要吃药治疗。家长一脸无奈地说："胡老师，这是病，没办法的，'十会'做不到就先算了，我们先治病。"那一刻，我的心里很不好受，我的孩子和他同龄，我很能体会到为人父母的不易。教育者要有一颗慈悲的心，我们要尽己所能地帮助孩子。于是我鼓起勇气对家长说："如果你们能配合我，我保证能教好他！"然后我就把我观察到的分析给他们听：每天早上，你们的孩子一到校就要发脾气，因为我们要开始早读，而他找不出早读的书，这是不会整理的表现；要交作业了，他又发脾气，因为找不到作业，这也是不会整理的表现；中午不肯吃饭，因为他的餐垫老是丢，没餐垫他就赌气不吃饭，这同样是不会整理的表现；放学排队时又发脾气，因为书包整理不好。所以如果让孩子把"会整理"这个习惯养好，他就能少发很多脾气。

听了我的分析，家长觉得有道理，他们决定家校配合试一个星期。这一个星期里，家长天天教他整理书包，我也每天手把手教他整理，小朋友果然不再因为不会整理而发脾气。看到放学时孩子背着书包跟着队伍开心地出校门，再反观以前孩子放学时拖着书包边走边骂，家长觉得这一周“会整理”的培养效果真的很好，他们主动来问我接下来该怎么做。我趁热打铁，告诉他们：“十会”还是要学的，其实学好“十会”，习惯好了，孩子自然就不发脾气了。孩子在学“十会”的过程中，会想办法让自己做好，这就是“会思考”了。家长听了又表示认可，他们说：“俞校长这个‘十会’真是太神奇了，我们这两天好好对照了一下，好像真把我们孩子的问题都概括到了。”

有了家长的认可，教育就容易多了。以前我和家长交流孩子发脾气的问题时，他们有时爱找别人的原因：是不是同学欺负他了？是不是老师批评他了？而现在，家长发现孩子发脾气时，会主动对照“十会”，看看自己的孩子是哪一点做得不好，该怎么去引导孩子。

接下来的时间里，我和这个孩子的家长几乎每天都沟通，我们给孩子制订科学的“十会”培养计划，每周都有侧重点。他比别人学得慢，我们就放慢节奏，常示范、多鼓励，孩子一天天进步，从开始的一天发好多次脾气，慢慢地变成一周发几次，后来一个月发几次。从孩子的转变中，我更坚信：认真做事只能做对，用心做事才能做好！只要我们用心去对待孩子，孩子是能感受到的，家长也是能感受到的。当孩子和家长认可你时，做事便会事半功倍！

三、用智引

孩子的习惯养成，需要我们日复一日用心去做，但同样也需要我们抓住时机对其进行引导。在“十会”“十能”的育人过程中，学校为一年级孩子设计了贴近生活的主题活动，为学生提供了一个展示自己的舞台，我们要善于利用活动进行“智引”。还是以我们班这个学生为例，前一年元旦时，年级里要举行“十会”展演，我们班的汇报主题是“会整理”。设计活动时，我特意让这个孩子当“动物学校”的校长，指导小动物们如何整理。我用这个角色激励他，让他的整理习惯不松懈。六一节，一年级举行“家人与感恩”主题汇报活动，我又特意安排他和他的妈妈亲子走秀。这又是一次非常好的促进亲子关系的契机。

教育是一门博大精深的科学。学生是变的，我们不能用老方法去教育新学生，也不能仅凭经验去教育一批又一批的学生，要加强学习，更新知识。让我们一同捧起关爱之情，燃起信心之火，播下希望之种，让每一个孩子都沐浴在“十会”“十能”的春风中，茁壮成长！

我要的是葫芦

——以“会整理”为核心的个性化“十会”课程

◎ 孔宜政

语文教科书中有一篇课文，叫作《我要的是葫芦》。一个一心想要得到葫芦的人，对葫芦叶上生的蚜虫不管不顾，反而理直气壮地反问好心提醒他的邻居：“什么？叶子上的虫还用治？我要的是葫芦！”

初教这篇课文，我心里暗暗嘀咕：这则寓言可真夸张！怎么可能有人蠢到只要葫芦不管叶子呢？明摆着，这两者有千丝万缕的联系呀！

带这届学生接触了“十会”“十能”一年，虽然落实的情况远远没有设想的那么美好，但是我发现了一个足以影响我和学生一生的道理：“班主任工作”是叶，“教学成绩”是葫芦。当一个老师把班主任工作做好了，他所教的学生，成绩一定不会差。而且，学生在生活、能力、学习方面的后劲一定非常足。

“十会”“十能”的点非常多，如果让我再带一次一年级，我会更用心地去研究“会整理”，以“会整理”为核心，辐射班主任工作。

“会整理”涉及以下几个方面：

1. 会打扫

一个人在整理物品的同时，也一定会把卫生打扫干净。教学生“会整理”的同时，也要教他们如何擦抽屉、柜子，打扫地面，洗干净抹布等。

我们班的小璩同学负责擦黑板。擦黑板前，他把粉笔槽里的粉笔拣出，扔掉太短的，把能用的粉笔分成彩色的一盒、白色的一盒。你看，这就是“会整理”中的“会分类”，而且这个打扫过程中分了两次类。

蓝色的抹布用来擦黑板，黄色的抹布擦地面，这也是“会整理”中的“会分类”。如果不强调分类，学生今天用抹桌子的抹布抹地，明天用抹地的抹布抹黑板，那么教室里细菌滋生，学生就容易生病。这也是对学生的一个健康卫生教育。

小朋友的课桌下抽屉中也有两块打扫卫生的布，一块是餐桌布，一块是抹地的布。两块布的摆放，也体现了会不会整理。装抹布的袋子最好大小一致，抹布叠平整后，恰好可以入袋，这样最美观。你看，“会整理”其实还暗含着审美教育。

小朋友养成了整理习惯后，有一天，小璩建议我：“孔老师，能不能提醒老师们，用完了粉笔及时放回对应的粉笔盒呀。”这是“会整理”中的“物有定所”，从哪儿拿来的，放回哪里去。孩子养成这样的习惯后，抽屉、柜子、房间一定不会乱，去图书馆拿了书也会归还到原位，进门后会随手关门，不给别人添麻烦。善良有时候就是“不给别人添麻烦”。

“绳子卷卷好哦，放在下抽屉，同学经过时，就不会被绊倒了。”这是对同学生命安全的守护。下雨天，雨伞卷一卷、扣一扣，插入伞架，伞的使用寿命才会长，既美观又安全。

2. 会排队

有一次，班里出现了类似手足口病的传染病，我一下拿出4瓶免洗洗手液，放在教室后边的柜子上，问：“怎么摆放才好看?”小朋友们一一上前操作：使用时分开放，方便小朋友排队取用；使用后挨紧了放，按压头方向要一致。

“很好！洗手液都知道排队时脑袋的方向要一致，你知道怎么排队吗?”

“知道!”小朋友当然不愿意自己连洗手液都不如。

通过对洗手液的整理，小朋友们学会了排队。两列队伍排得既整齐又有序——间隔距离相等，脑袋不乱晃，手脚不乱摆。

3. 会睡觉

“会睡觉”的其中一个要求，就是睡前把自己第二天要穿戴的衣物摆放在床头。这个要求本来不容易检查，但是学会整理后，突然变得一目了然了。

有一天，我请了几个穿同款式校服的男女生走上讲台，排成一排，问大家：“整不整齐?”

“不整齐。”小朋友们用心观察着。

“怎么拾掇整齐?”

“小王同学的衣服也要像其他同学一样塞到裙子里，才显得精神。”

“小徐同学的第一颗扣子扣紧了，特别正式。我想其他同学都可以学习这个优点。”

……

小朋友们观察得比我还要仔细。

“会整理”很重要的一点是：款式、颜色要一致。为了在衣着上和同学保持一致，睡前就要准备好服装。

做事有序了，对物品的清洁度、摆放位置有要求了，对作业的书写要求也会提升——因为孩子们的审美和习惯已经使他们对无序产生了排斥。订正时，也要写整齐，不可以想写哪里就写哪里。字的大小、粗细要一致，整个页面才好看。

作业清楚了，成绩也会有所提升。

这就是班主任工作对教学工作的影响。它制造了源源不断的能量，去梳理一个人的生活、思路，去帮助学生变得更好。

好像一切都忽然变得有序了。有序之后，老师管理40个人就像管理1个人一样，轻松很多。虽然不可能完全一样，但是习惯一致了，行动和信念就容易一致。

“十会”“十能”也是对我的一次深入再教育，我慢慢开始明白，要想教好书，应该研究哪些细节，去进行怎样的微改善。一开始，想的比做的好；但是只要保持努力，慢慢地，做的一定会和想的一样好。

感恩“十会”“十能”，教我不要一心只盯着葫芦，教我去拿着放大镜研究治蚜虫的方法。

遇见“十会”，遇见更好的自己

◎ 金蕾

清晨，踏进教室，耳畔响起的是琅琅的读书声，眼前出现的是一个个孩子手捧书本专注的神情。每当上课铃声响起，孩子们或是排着整齐的队伍，或是静静地坐在教室，等待老师来上课。中午，偌大的餐厅里，孩子们静静地用餐。放学了，一个个孩子手拎文件袋，排着整齐的队伍走出校园。这样的画面，令人欢喜；这样的画面，值得我们去肯定、去欣赏。当然，这些美好的画面得益于“十会”。

为什么这么说呢？让我们把镜头往回拉，之前是怎样的呢？记得刚接这个班时的报到那天，一位家长委婉地告诉我：“老师，我们幼儿园的几个‘吵鬼’都在这个班。”当时我听完只是微微地笑了笑，表示没事的。他立马补上一句：“不是的，不仅是我们幼儿园的‘吵鬼’在，听说另一个幼儿园里最吵的那两个也在，估计接下去你会很辛苦哦。”就这样一个班级，这样吵闹的孩子，之所以有了这么大的改变，可以说都归功于“十会”的实施。

一、“十会”促进孩子良好习惯的养成

俗话说：“积一千，累一万，不如养个好习惯。”小学一、二年级是习惯养成的关键期。学习习惯包括学习本身的行为习惯，用脑习惯，听课、写作业、复习检查的习惯，以及与学习有关的睡眠、饮食、运动习惯等。好习惯是孩子学好功课的保证。低年级孩子年龄小，自制力差，必须靠教师、家长长期耐心、细致地训练，因此，孩子刚入学，我就利用“十会”这一神器，让孩子体验到成功的同时，收获良好的习惯。

1. 美丽的约定

“十会”的具体要求是我们与孩子的美丽约定。孩子心中有了一个标准，比如怎样算“会排队”，怎样算“会求助”，等等。

开学初，有几个现象比较严重。

现象1：地上经常躺着无家可归的铅笔、橡皮，问孩子是谁丢的，常常无人回应。

现象2：上课孩子们不爱思考，发言不够积极，多数孩子只当忠实的听众。

现象3：放学后经常有家长返回班级拿书本，早上到校后总有几个孩子发现自己忘带东西。

现象4：很多孩子回到家后，首先做的事情是看动画片和玩，等到父母下班回家吃完晚饭后，才拿起书本做作业。

在学习“十会”的过程中，把这些现象呈现在孩子眼前，让孩子自己说说该如何改，对照“十会”的相关视频，孩子很快就能发现自己在哪个方面还没达到要求。有了这具体的标准，习惯的养成就有了依托，美丽的约定也就能顺利转化成美丽的行为。

2. 有效的评价

评价是促使学生养成良好行为习惯的重要手段，是我们做好养成教育工作的有效途径。它能促进学生产生强烈的荣誉感。因此，让孩子们对照“十会”的具体要求，先进行自评，发现自己的问题，同时，要求家长在家里对孩子们的表现进行逐条评价，并作为“十会”考核依据。做到的，给孩子在相应的“会”下盖一个奖章，没做到的画个“哭脸”。这样一来效果显著，地上再也没有无人问津的铅笔、橡皮了，也没有出现忘带作业本的现象了，班里的事孩子们抢着干了，同学之间的关系更融洽了，天天有交流，天天有评价。

二、“十会”充分调动孩子的积极性

“十会”的评价制度，充分调动了孩子们的积极性，让他们看到，只要努力了，一定会有收获。记得我们班小吴同学在开学初，一上课不是摸橡皮就是摸尺子，一到下课，就到处跑来跑去。一次我找他谈话，他说自己很没有用，什么也不好，幼儿园时老师就说他是“吵鬼”，习惯很差。经过“十会”课程的学习，这学期他变了，上课开始听课了，还能看到他那高高举起的小手了，作业有错也会及时订正了，因为他想成为“十会”好少年。记得有一天，因为他在排队中没有做到静，“会排队”这一项就多了一个哭脸，下课时他跑来找我，问我：“老师，我如果接下来的排队做好了，是不是可以把哭脸去掉？”我立马答应了，中午排队去餐厅时，他果然按“会排队”的要求进行了排队。看着这一幕，我心里暖暖的，孩子们都渴望被肯定，哪怕这么调皮的孩子，他的内心也是向好的。

调动了孩子们的积极性，一切就好办了。“十会”给了孩子们希望，让他们有了努力的目标。

还有我们班的小张同学，由于父母工作都忙，疏于管教，他做事不讲规矩，动不动就用拳头说话，上课坐不住，下课几次在走廊上跑着撞到同学，甚至有一次连老师都被他撞倒了。通过“十会”的学习和践行，他现在课上基本能安静地听了，举手发言也积极了，和同学相处得也好多了，因为他把“十会”的具体要求牢记在心了。虽然他的书写不够端正，但我看得出他的努力。每次写完作业，他总会问我：“老师我有没有进步？是不是比我之前写得好看多了？”之前这小家伙的抽屉是班里最乱的，书本常常皱皱巴巴的，因为“会整理”对此有具体要求，慢慢地，他的抽屉也开始变整齐了，衣服也不再随意乱扔了，开始有规矩了。

有了“十会”这一神器，我们的班主任工作变得更轻松、更有效了。“十会”是我们工作的立足点，遇见“十会”，便遇见了美好。“十会”让孩子们的言行有了标准，不知不觉，好习惯就养成了。

遇见“十会”，就能遇见更好的自己。

少成若天性，习惯成自然

——“十会”习惯培养的几点感悟

◎ 吴冰洁

习惯像轮子的转动一样，具有很强的惯性。人们往往会不自觉地启用自己的习惯，不论是好习惯还是坏习惯，都是如此。所以，人们常说“习惯成自然”。习惯的力量，不经意间会影响人的一生。

俗话说：“三岁看大，七岁看老。”小学阶段是人生步入正式学校教育的第一阶段，孩子们背起小书包，怀着憧憬与向往，实现了“幼升小”的人生角色的重要转变。然而现实往往没有如此简单，快节奏的小学生活、繁多的各门功课、诸多的新要求，往往让刚踏入小学的孩子热情骤降。孩子茫然、家长纠结、老师忙乱成了一年级新生入学阶段的普遍现象，家长的“焦虑症”、老师的“嘶哑症”成了此阶段的标志性病症。

“不要等到孩子到了高年级，才发现抽屉乱糟糟，排队也不会。”这是俞正强校长的喟叹。“良好的开端是成功的一半”，入学初始阶段，对学生进行系统、有序、全面、有趣的行为习惯的培养，定能起到事半功倍的作用。养成一个好习惯，孩子的一生都会从中受益。因此，遇见“十会”，是每一个孩子和老师的幸运。

在培养孩子的“十会”习惯的过程中，我认为以下几点非常重要。

一、目标明确，落在细节

习惯可以在有目的、有计划的训练中形成，也可以在无意识的状态中形成，而良好的习惯必然在有意识的训练中形成。

所以，在“十会”习惯的培养中，必须对“会吃饭”“会睡觉”等生活习惯和“会听说”等学习习惯制订明确的培养目标，利用完整的课堂进行习惯教学。正所谓细节决定成败，在明确培养目标后，还需要制订一个切实可行的行动方案，将培养目标一一落实到可操作的细则中去。一年级的孩子天性活泼，乐于接受新事物，可以利用朗朗上口的三字经口诀，将具体的习惯要求和行为评价融入其中，日日熟读，自然成诵，在潜移默化中内化吸收，日日落实，自然成习惯，在具体实践中培养品质。

二、考评激励，坚持不懈

习惯的养成不是一蹴而就的，而是一个长期的过程，如何将制订的计划落到实处才是关键。也许是人的惰性使然，我们往往会陷入这样一个困境，就是“三分钟热度”——在制订了一个计划后，我们常常会因为各种琐事耽搁了计划的执行，最后也就无疾而终了。因此，让“十会”的学习成为一件有仪式感的事情，是非常重要的。这种仪式感表现在两个方面。一是正面激励。如每周评选“十会好少年”，让孩子感知自己的进步，并引以为傲。让每一个孩子感受到，这不是一项学习任务，而是帮助成为一个更好的自己的途径，从而激发内心向上的动力。二是坚持的动力。这种仪式感可以贯穿习惯培养的全部阶段，尤其是习惯的巩固阶段，通过评选每一个“会”的“小标兵”“小能手”等单项奖，让每一个孩子在“十会”的习惯培养中，获得持续的成就感。

习惯培养贵在坚持。这种坚持，说到底就是不断重复的过程，重复可以使行为得到强化，从而形成习惯。也许在这个过程中，会遇到很多困难，最显而易见的就是时间问题。我们哪有那么多时间做这些事？但是有句话叫“磨刀不误砍柴工”，把时间花在培养习惯上，孩子们能文明游戏了，同学之间因为课间打闹的矛盾就少了，班级就和谐了；学会尊重课堂了，上课就不会因为纪律问题停下来，学习效率也就提高了。

三、家校协同，步调一致

在培养孩子的习惯上，我们并不是孤军奋战。联合家长，相互配合，以一个一以贯之的标准去要求、去落实，才能帮助孩子养成并坚持好习惯。因此，要十分重视“十会”习惯培养的家校协同。

在具体的操作过程中，家长既有配合学校培养“十会”习惯的义务，又有对孩子“十会”习惯进行考评的权利。让考评的方式，从单一的“校评”变为

“家校共评”。此时，家长既是孩子行为习惯养成的参与者，也是见证者。当家长看到孩子的努力与进步时，他们也会发自内心地欣喜与配合。

四、给予时间，长远着眼

习惯的养成要经历一个长期的过程。很多时候，这个过程并不是一帆风顺的，往往会经历反复和起伏。这就提醒我们，要允许学生犯错误，甚至是反复犯错误，要把学生犯错误与改正错误的过程看作成长的必然历程，以一种平和的心态来对待，带着耐心和信心去陪伴他们养成良好的习惯。我们要给孩子时间，让他去慢慢改变，不能急于求成。只要孩子整体处在一个向上、向好的通道就好，至于这个通道的“坡度”，是60°还是30°，不必那么在乎。

现在，我所带的班级已经四年级了，作为班主任，我最大的感受就是依托学校的“十会”和“十能”课程，自己的工作有法了，家长心中有底了，孩子们的行为更有序了。或许，这就是在孩子们一年级时，用时间和付出换得的一份美好收获。

“十会”促成长，阅读能致远

◎ 虞爱丹

初拿到教材，我的心里万分激动。它是沉甸甸的，因为它历经了第一代人的摸索、第二代人的修改、第三代人的完善，已经逐渐走向成熟，并且走出学校，我们的讲师团队到各地宣讲，推广成熟经验。

“十会”课程承载着“十会”的成长约定。这美丽的约定，给了家长们一个严肃的意识——好习惯，好人生；也给了老师一个标准——好习惯，好成绩。

开学两个月以来，我本着以“‘十会’促成长，阅读能致远”的理念开展各项班级管理及教学工作。9月份是习惯学习期，孩子们个个热情饱满，“请你像我这样做”，“我就像你这样做”，孩子们像是被施了魔法，“十会”落实得很有成效。因此，我们在9月底评选了“十会小明星”，郑重其事地念出每一位获此殊荣的孩子的名字。当然，也有几位落选的孩子，我明明白白地告诉他们努力的方向。第一个月是在忙碌、紧张又欣慰中结束的。回顾第一个月的习惯养成，表现最好的是早读和吃饭。9月2日是我来到教室，请来的小朋友早读。可是仔细一观察，孩子们根本不知道什么时候开始读、怎么读。于是，马上学习“十会”课程的撒手锏——编儿歌和指出具体细节：“早上来到教室，拿出水杯，放好书包，高高兴兴，朗朗读书。”看似简单的儿歌却起了大作用，它很有操作性，孩子们通过儿歌知道了放好水杯、书包后就要开始读书，知道了早读声音一定要响亮。一年之计在于春，一日之计在于晨，而一晨之计在于早读。琅琅的早读声，很快把孩子们带进一个积极向上的小学生世界。具体指导后，以精神抖擞的早读好习惯开启每一天的美好，令人心安。

家长开放日那天，作为班主任的我故意玩起了“失踪”，讲台上就放了个小广播，孩子们全程自主早读，气宇轩昂，书声琅琅，整个班级充满着向阳的朝气，也令家长们叹服习惯的力量。

习惯养成的第一天，最乱的一定是吃饭，但是如果老师在开学前，把学生吃饭的流程在脑子里一遍遍演练，关注每个细节，让演练畅通无阻，等到学生真正开学的那天就不会忙乱了。而且，一旦孩子们掌握吃饭的三要求“静、净、尽”以后，吃饭的好习惯就会保持得最稳定。根据班级布局的情况，我设计了一套独特的吃饭流程：洗手后从后门进教室→前门布置就餐环境→在教室左侧排队，打饭→从教室右侧下回座位吃饭→从教室右侧排队放餐盘→前门门口领纸巾擦嘴→从后门进教室→用擦完嘴的纸巾擦桌子，擦完扔进垃圾桶→看书。

10月份是习惯的巩固期，也是反弹期。部分孩子已经有了“十会小学生”的模样，吃饭、排队、上课都自带榜样光环。但是也有一些孩子懈怠了，失去了刚学习“十会”时的新奇感与成就感，慢慢对自己松懈了。因此10月以后，要对学生进行由面到点的“十会”操练推进。给每个松懈的孩子定小目标，逐一改善，进行一周的优胜小组比赛，用集体的力量去帮助他们。比如课间整理要求整个小组的书本摆放整齐，桌子对齐，凳子推进去，垃圾捡干净。如果有一人没做到，那么该组不能得到“优胜小组”称号。保持善良的组员不会抱怨他，而是帮助他、提醒他、教会他。

10月中旬的家长开放日，不仅是对过去的一个总结，更是未来的一个新起点。作为“十会”观察员的家长们，纷纷表示最担心的是孩子的上课专注力。于是，“会听说”成为“十会”的重中之重。

读书能静心，读书能明智。在“十会”好习惯的促进下，我们开展了阅读启动仪式，以阅读为主线开展课内外主题活动，让孩子慢慢进入文化的高地，这是我们班的努力方向。

从制约到自主

◎ 章琪

一年级是孩子们人生的起点，是各种良好行为习惯的养成阶段，也是关键阶段。2016年，在俞正强校长的带领下，我们的育人模式开始改变。其中针对一年级的新课程就是“十会”课程，即“会吃饭”“会睡觉”“会走路”“会排队”“会听说”“会游戏”“会问好”“会求助”“会打扫”“会整理”，让学生的行为习惯真正落实到位。

为实现“十会”育人目标，提升学生行为的效果，我开展了一系列实践研究。以下这些方法，我认为最有成效。

一、巧用方法学排队

一年级新生刚入学，排队意识及位置概念模糊不清，他们往往不知所措。但是升旗、放学、去专业教室上课都需要排队，而且每种队伍有所不同，这使得学生易遗忘、易混淆……所以，一开学，我们会花大量的时间训练孩子排队。

1. 多找“直线”，整齐队伍

一年级新生处于形象思维的发展阶段，对于直观性物体较为敏感。因此，排队站位时可借助直线性参照物，如跑道的白线、学校地砖线、篮球馆木板间隙线等。根据学校场地的特点，先在教室内详细讲解站队的方法，再带学生到室外排队，找到线，结合口令“一条白线两边走”行进，队伍自然也就整齐划一。

2. 巧用口令，规范动作

采用儿歌和口令的形式提高学生的兴奋感，使之保持练习兴趣和热情。比如我们经常说的“静、齐、快”，“要排队，眼看前，手放平，腿站直”。讲解“立正”时，请学生边练习边说口令，“你不动，我不动，两手贴裤缝，抬头又挺胸”。这样，学生一边做动作，一边念口令，集中了注意力，又记住了要求，收到了良好的效果。

3. 严格训练，强化路队

良好行为习惯的养成，也离不开严格的训练。为了强化学生们的路队纪律，我要求学生做到不说话、不推人、不拉人，人站正、队排直。如果有学生没做到，我就让他先离开队伍，等大家都走好了，再请做得不好的同学重新喊着“一二一”，甩着小手再排一次，直到符合要求为止。经过这样几次三番的强化教育，行为要求已深入学生心田，并化为自觉行为，良好的习惯也就慢慢养成了，效率也就提高了。

二、准备充分学问好

1. 用心做好第一次见面

第一次见一年级的新生，班主任要设计好第一次师生相见的情形，有创意地向学生介绍自己，注意拉近和学生的距离，让学生对新班主任产生亲切感。所以开学第一天，我特意穿了一件漂亮的衣服，做了一个“我是小学生”的牌，每一个孩子进来，我都友好地和他们问好：“你好，我是章老师，你叫什么呀？”学生回答以后，我会接着说：“很高兴成为你的好朋友！”简单介绍完之后，我还和每一个学生拿着牌拍照合影。这样，一下子就拉近了与学生的距离，也让开学报到有了仪式感，更重要的是，孩子在第一次和我见面中就学会了简单的问好。

2. 隆重进行第一次介绍

作为一年级的新生，大家还互不熟悉，彼此之间充满好奇和新鲜感，渴望认识对方，同时也希望对方了解自己。所以，我就结合语文教科书《口语交际》的“自我介绍”这个内容，请学生回家邀请爸爸妈妈一起收集自己和家人的照片，先在家里练习，充分练习以后，到学校上台演讲。虽然孩子们讲得还不是特别好，但是对于一年级的孩子来说，能够大方、自然、有条理地把准备的内容说出来，就已经是非常大的进步了。每个孩子讲完，大家都会给予鼓励，这也让台上的孩子充满自信。有了这样的强化练习之后，孩子们遇到陌生人也能大方、自然地问好，同时很好地训练了“十会”中的“会听说”，让“十会”的各项能力都有了很大提升。

三、每天坚持会打扫

现在大部分孩子都深受家长的宠爱，在生活上独立性较差，缺乏基本的劳动能力。刚开学的时候，我发现很多孩子连怎么拿扫把都不是很清楚。为了培养孩子们“会打扫”，我采用了家校互助的办法，每天布置一项特殊的家庭作业——做家务。洗碗、擦桌子、扫地、洗袜子、整理房间……这些简单的家务活，都成了作业的具体内容。就这样，孩子们学会了打扫的基本方法。第二天，我会在中午时间根据家长评语进行表扬，并给相应的孩子一些奖励。刚开始的时候，一天一检查，一天一奖励，一个月之后，采用“正”字统计法，一星期奖励一次。就这样，家长们学会了放手，培养了孩子的劳动能力。孩子们慢慢掌握了打扫卫生的各种方法，不仅体会到了家长的辛苦，也品尝到了劳动的乐趣，喜欢上了打扫劳动。这也为学生在学校劳动中施展自己的本领奠定了基础。此外，我还请家长把孩子劳动打扫的照片及时保存好，共享到班级相册。这些照片在激励本人的同时，也带动了更多的学生，成了全班学生更加热爱劳动的不竭动力。

四、巧用智慧学整理

一年级是学生良好习惯养成的最佳时期。抓住这一时期，培养学生的良好习惯，把好的习惯内化为自身性格，是使学生走向成功的重要因素。学会整理是一个最有效的办法，所以我们将“会整理”也列为“十会”课程中一个非常重要的内容。从小培养孩子的整理习惯，能使孩子做事更有秩序、更有条理。我的班级在学习“会整理”时，主要从在校和在家两个方面着重培养。

1. 学整理，从抽屉开始

从小处着手，让学生从学着整理自己小小的抽屉开始。别看这小小的抽屉，学会整理它，就能得到意想不到的效果，小抽屉里包含着大学问。

首先，要让学生从意识上重视起来。我特意给学生播放以前班级的整理视频，学习“十会”后，让他们畅所欲言，引导其形成主动把自己的抽屉整理好的意识。接着，有针对性地请做得好的孩子谈谈干净的抽屉对自己学习上的帮助，同时也指出抽屉脏乱的同学在学习上将遇到的困难。这一环节让学生通过自己的亲身体验，在思想上对整理引起重视。

其次，教给学生一定的整理方法。先请班上抽屉整理得特别整洁的几位同学介绍整理方法，再由师生一起总结出整理抽屉的方法：书不仅要按大小次序放好，还要按同一个方向放，书脊朝同一个方向。然后请学生一边整理一边念口令“小的上，大的下，左边对齐放平整”。俗话说得好：“没有规矩，不成方圆。”接下来，我还制订了奖罚制度，奖罚分明，规定每周五中午午间活动的时候检查，平时还会进行不定期的抽查。对抽屉整理好并保持整洁的学生，在班级群大力表扬，并颁发精美的小礼物；对抽屉还是乱糟糟的学生，给一些小小的惩罚（比如，让他帮班级做一件好事，或者放学留下重新整理抽屉等），并进行教育指导，要求整理改正。

最后，最重要且关键的一步，就是不断强化训练学生每天整理好自己的抽屉，做到取放自如，哪里拿哪里放。当然，这一目标的达成还需要老师的不断提醒、督促，做到一日三提醒，早、中、晚都要求学生看看自己的抽屉是否符合要求。此外，协同各任课老师加强提醒，请每个任课老师上完课后提醒一句：“请把书本放回原位。”黑板上也有温馨提示：“今天，你的抽屉干净吗?”

经过一个学期的练习，学生初步养成了整理抽屉的习惯，很少出现找不到书本的现象，也经得起突击检查抽屉的考验了。

2. 会整理，从书桌到房间

当学生认真学会整理抽屉以后，引导学生在家、在校一个样，回家继续加强整理，让家长一同监督孩子整理自己的书包、书桌和房间，最后学会整理自己的玩具。我从小小的抽屉整理出发，让学生养成了整理的习惯和做事有规矩、有条理的习惯。而且我还惊喜地发现，学生的学习习惯也越来越好了，能合理安排自己的时间，能及时完成作业，一部分学生甚至还养成了预习的习惯。真是好习惯“四处开花”了，想不到这小小的抽屉竟能发挥如此大的作用!

从幼儿园到小学，一年级是孩子转型的关键时期，是孩子的人生种子发芽的时期，关系到幼苗是否能健康地成长、开花、结果。在这个人生的关键时期，多方学校“十会”育人课程的引领，我们班主任能更好地找到训练学生习惯的抓手，让学生从被规约到慢慢自主。当然，“十会”是需要长期坚持、训练和反复练习的。在小学一年级班级管理与教育的工作当中，我们需要用自己的智慧、耐心与爱心对学生进行管理与指导，引导学生在刚刚步入校园时形成良好的行为习惯并遵守纪律制度，在使学生整体发展与进步的同时，全面构建友好、和谐的班集体。

细化标准，循序渐进

◎ 周雅萍

我们常说“习惯形成性格，性格决定命运”，却常常错过习惯养成的关键期；我们常说“好习惯益终身”，却很少有人有的放矢地去养成习惯；我们常说“好习惯的养成，需要坚持21天”，却很少有人真正舍得、愿意花21天的时间，养成好习惯。“十会”课程就是让我们抓关键期，静下心来好好培养孩子习惯的课程。经过一轮的实践，以下两点做法给我留下了比较深刻的印象。

一、细化标准，有法可依

我们都知道，孩子在幼儿园里过的是一种被照顾着的集体生活，孩子吃饭、穿衣服、系鞋带、上厕所，老师都会看护周到，及时给予帮助。但是小学生活是相对独立的生活，进入小学后，孩子必须有生活自理的能力，学会自己照顾自己。刚入学的孩子接受新知识的能力比较弱，必须事无巨细地跟孩子一遍又一遍地吩咐落实，孩子才能慢慢地掌握其中的要领。因此，我们把要求孩子学习的技能细化为一条一条可操作的行为标准，这样孩子学习起来才会比较容易接受。比如“会整理”，我们从孩子学习整理自己的书包入手，将整理书包细化为文具袋、课本、作业本、水杯、餐垫的整理。为了方便孩子操作，还把操作过程编成儿歌，让孩子每天放学时边念儿歌边整理：

放学了，收书包。
小小书包凳上放，书本用具收拾好。
大在下，小在上，整整齐齐进书包。
上层摆上文具袋，零散物品单独放。
拿来水杯放左边，餐桌布儿放右边。
捡起纸头摆桌椅，小小凳子桌上翻。
室外排队静齐快，安安静静走回家。

学会了整理书包，再学习整理书桌、抽屉……有了可以操作的标准，有据可循，有法可依，孩子接受起来就快多了。慢慢地，慢慢地，孩子就真正会整理了。

二、循序渐进，各个击破

“十会”课程是针对刚入学的孩子开设的，目的是让孩子们能更好地适应小学的学习生活，顺利地完成幼小衔接。我认为，会吃饭、会睡觉，是健康的开始；会走路、会排队，是独立的开始；会问好、会求助，是交往的开始；会打扫、会整理，是自理的开始；会听说、会游戏，是学习的开始。“十会”，就是小学学习生活最好的开始，是对孩子学习生活技能的培训。一项技能的掌握绝非一蹴而就，需要日积月累的练习。对于刚入学的孩子，如果一下子把“十会”要求全面展开，孩子会无所适从，甚至知难而退。所以比较好的办法是把“十会”要求有计划地分解，一个一个落实，循序渐进。一开始，我们可以每个星期重点练习一个或两个“会”。周一告诉孩子们本周的训练重点，这一周就围绕训练重点展开训练和点评，只要达到本周训练重点的要求就能获得“周十会好儿童”称号。当然，每周一重点并不是说放任不管其他的“会”，只是重点考核养成这一个而已。每周有侧重，循序渐进、分散难点，便于各个击破，最终真正落实“十会”。

总之，以上两种做法比较符合一年级刚入学儿童的年龄特征，用于培养“十会”能力，可以收到事半功倍的效果。

“十会”落实之心得

◎ 蔡凡

“十会”课程经过前期的编撰、试行、修改，已逐渐完善。在前几届的成功经验和一个学期的实践基础上，我有了四点心得体会。

一、集中学习一个月

俗话说得好：“好习惯益终身。”“十会”课程从学生的实际入手，以“学生习惯培养”为抓手，着眼于学生的长远发展。虽然花了一个月的时间，但是抓住了学生成长中重要的转型期，让刚刚跨入一年级的小学生有了新的目标。不过，有些要求对于部分孩子来说比较难，比如“会打扫”。有些家长自己都没有打扫卫生的意识，孩子怎么可能拿起扫把扫地干活呢？教育这些孩子之前，首先要转变家长的劳动观念，获得家长的认同后，才能教导孩子。否则，必定事倍功半。所以，第一步通过家访、电话沟通、软件交流等，转变家长的劳动意识。第二步才是教孩子：第一，教扫地方法；第二，对比扫地效果；第三，总结扫地经验；第四，保证扫地时间。

在培养孩子的劳动意识、训练孩子的劳动能力的过程中，我惊喜地发现，这些孩子的语文成绩也有了进步。周同学、贾同学、汤同学原来的语文成绩都比较普通。经过一个月的“会打扫”训练，他们语文成绩提升了，而且越考越好。后来，我反思：是什么让这些孩子的成绩上来了？是做事的态度。扫地和学习其实都是在做事。能认真扫地的同学，很自然地就把“认真”这一态度迁移到了“学习”上。令我印象深刻的是周同学的变化。周同学前几次扫地的时候，东扫一下，西扫一下，有时趁我不注意还会拿起扫把转圈圈。我问他：“你把地扫好了吗？”他回答我：“好了。”我接过他的扫把，把他扫过的地方重新再扫一遍，结果扫出很多脏东西。我顺势引导：“为什么你扫完之后，蔡老师还能扫出这么多的东西呢？”他想了一下，低头说：“我不仔细。”“是呀，不仔细，不认真，明明有脏东西，你都看不见。”学习，不也是这个理吗？明明是错题，你不仔细，就是查不出来。经过这一次的教育，周同学扫地认真了，能扫干净了，学习也进步了。可是，周同学刚刚考了99分，他的爸爸就问我："我儿子已经扫了两星期地了，能不能不扫了？""让他再坚持扫两星期，你会看到一个更好的儿子！"我建议。果然，持续认真扫地三周后，就算不是轮到周同学扫地，他也会主动拿起扫把扫地。在学校如此，回家也如此。良好的习惯是会迁移的。

有了周同学的成功经验，我就将学习比较弱的孩子组成一个劳动组。从提高劳动意识、训练劳动能力、保证劳动时间入手，对其开展劳动训练，贾同学、汤同学就是受益者。

二、贯穿始终一学期

在"十会"培养的过程中，我们发现，有的习惯是教师教得快，学生学得快，忘得也快。所以，除了第一个月的集中学习之外，我们还要根据学生的情况，适时地强化训练，将"十会"培养贯穿学期的始与终。

三、重点突破排练月

在所有的"十会"里面，我们班最需要重点训练的是"会排队""会走路"。本着"薄弱环节是什么，就重点花力气去解决什么"的念头，我借"为成长喝彩"这一主题活动，展现我们班级的这两个"会"。我想，与其枯燥地训练，不如把这两个习惯安排到游戏中、表演中、比赛中培养，每一次排练就是一次磨炼。经过一个月左右的节目排练，我们不仅收获了精彩的节目，更收获了孩子能力上的成长——迎挑战、会坚持、有进步！

四、展现效果成长篇

在12月月底的"为成长喝彩"汇报演出中，我们看到了各个班级在"十会"培养方面的"八仙过海，各显神通"。孩子们也在活动中，加深了对"十会"的理解，反思自己"十会"的进步点和努力点。

在"十会"校本课程的建设中，我们一起摸索，一起探讨，一起分享，一起改进，一起展望！

规则意识与规范行为

◎ 范秋菊

就儿童身心发展的规律来看，培养规则意识在三岁之前需要父母的言传身教，幼儿园期间会加上老师的引导，而到了小学一年级，孩子们已经初步具有规则意识的概念。此时，它与规范行为的区别仅在于如何在实践中形成规范。

对于那些规则意识前期渗透得较好的孩子来说，进入小学一年级时会表现出极强的自律性，再加上老师有明确的要求，在“好孩子”的光环指引下，大部分孩子会马上进入角色，规范的行为顺势形成。而剩下的一部分孩子，要么懒于行动，要么不知道如何动手操作。针对这样的情况，我们的“十会”课程就成了最好的把手，它以非常明确的形式告诉孩子们：应该怎么做？如何做才是规范？怎样做就能做好？然后最重要的就是要坚持做，直到养成习惯。

在践行“十会”课程的过程中，我特别注重利用各种形式渗透规则意识，再通过手把手的示范来明确规范的行为。对于刚入学的一年级小朋友来说，最喜欢的学习方式就是听故事、听案例，无论是书本上，还是现实中发生的故事，他们都能听得津津有味。在这个听的过程中，“会听”的习惯就在悄悄形成。然后教师再适时地鼓励发言，及时鼓励会倾听以及会表达的孩子，“会听说”这个习惯就水到渠成地得到了锻炼。但是在具体的操作中，我们会发现有一部分特别急于表达的孩子依然会时不时地跳出来，他们破坏课堂秩序的同时，也给其他人做了不好的示范。对于这样的孩子来说，他需要学会的不仅是“会听说”，还要学会适时地说。所以老师就需要不断地跟他们渗透，什么才叫“课堂规范”。在这个引导的过程中，我感受到了所有的习惯养成都是需要不断思考、不断调整的，理论起到的只是指引作用，具体到实际的操作中，就需要结合每个孩子的特点来因材施教。不是按部就班就能把事情做好，学会变通才是解决之道。

不仅仅是“会听说”，所有的“十会”内容都是看起来很简单，做起来却不容易。每个孩子或多或少都有自己的短板，也有不同的个性，我们需要变换出不同的方法来进行训练。讲故事的素材可以丰富多样，绘本、动画、宣传片等，再加上每天学校里发生的鲜活案例。以他人的故事反观自身，利用早中晚的时间，学古人“一日三省”：及时肯定，发现同伴中的榜样；及时指正，给出正确的行为指引；及时总结，针对个人特征，不断提升对自我的要求。对大部分一年级的小朋友来说，用一个月时间基本能达到80%的“十会”要求，剩下的20%需要不断强化来巩固。在这个过程中，我们发现学生的行为会出现“倒退”现象。这种行为倒退有时候是个体现象，有时候也可能以班级为单位。此时最需要做的就是适时调整，利用活动增强班级凝聚力，尤其是一些具有竞争性的活动，这些活动更适合孩子好胜心强的心理， 比如“整理小能手”“卫生小标兵”“最佳保洁员”等，在活动中强化和保持好的行为习惯。从最初的耳提面命到最后的稍作提醒，孩子的规则意识会越来越强，日常行为也会越来越规范。作为老师，我们需要告诉孩子，在学校中，我们一定要学会社会化的行为规范，这是个体相对于群体而言的生存法则，越自律越幸运！

孩子习惯养成的抓手

◎ 潘红丹

记得上一年8月31日报到日初见小婷时，我便发现这个孩子有些许不同。当别的孩子都在喜笑颜开地与我合照时，她却连与我打招呼都不愿意，只噘着小嘴躲在爸爸身后，直到爸爸劝了半天才愿意短暂地站到我的身边。我试着去牵她的手，她马上把手缩了回去，我只好紧紧抓着她的胳膊，因为只要我一放手，她就马上逃走。

在接下来的时间里，小婷表现出了她更多的不同，每天蓬头垢面，嚷着“我讨厌上学”，在校门口撒泼打滚，在书上、桌上甚至身上画画，完全不管别人在说什么，软硬不吃，有一个自己的独立小世界。

在与她父母的沟通中，我发现他们对小婷缺乏信心。

“潘老师，我是不求她有多好的，不要拖班级后腿就行，她一定是倒数的。

“潘老师，我对我女儿真的毫无办法。我的孩子就是‘傻’的，我本来是想把她送去特殊学校的，又想着先在这试试，实在不行我再转走。”

那一刻，我知道原来孩子父母也拿孩子没办法。可是总不能就这么放弃一个孩子吧，她只是习惯不好，又不是真的智力有缺陷。更何况从走上教师岗位起，俞正强校长就对我们说：“接纳和完善每一个孩子，让孩子在爱和规则中健康、快乐地成长。”于是我想，只能我来想办法了。我告诉小婷妈妈，你只需要给孩子足够的爱，别骂她，多陪伴，其他的交给我。

海口是夸下了，可办法到底从哪来，我的心里一点底也没有。小婷就像一只敏感的刺猬，让人无从下手、无可奈何。我请教了朱老师，我们两个人仔细思考。究其根源，小婷不会听说，是因为她总沉浸在自己的世界中。父母对孩子缺少关爱、缺乏信心，也导致了小婷对自己毫无信心，不愿意与外界交流，只愿沉浸在自己的小世界里。

经过一段时间的思考、研究和探讨后，我决定以“十会”为标准，从小事出发，改变她的习惯，重新建立小婷的信心。

一、鼓励教育，培养听说

鼓励教育从小婷和她的妈妈这两个方面同时进行。

刚开始下课时，我试着牵起小婷的手，她总是在抗拒表示不愿意。她下课总是去揪草，预备铃响了，“大部队”往回冲时，她才拿着心爱的枯草晃晃悠悠地走回教室。经过观察，我发现她身上每一件物品都是紫色的。于是我准备了紫色的小发卡、小发绳，在她比前一天早进教室时，塞进她的小口袋，对她说：“今天的小耳朵比昨天听得更早了！”一周后，她终于能够在上课正式铃响之前回到教室。渐渐地，在鼓励式教育下，她终于开始在课堂上理我，有一天她开始举手回答问题了！

每一天，我都和小婷的妈妈进行交流，把专属于她的点滴进步，都卖力地告诉她的妈妈，以建立妈妈对孩子的信心。

终于，在10月14日这天，小婷第一次主动与我说“再见”。我想第一步“会听说”已经完成，在这一过程中，妈妈也初步建立起了对孩子的信心。

二、以点带面，“十会”达成

“会听说”的小婷在慢慢地变好，但是反反复复。她还是对一切都无所谓，无所谓成绩，无所谓批评，一天的表现只取决于她的心情。

于是，我开始与小婷的妈妈一起依托“十会”课程，分析小婷存在的不足。

昨晚东西整理太慢，睡得太晚导致早上心情不好；找不到书导致不能跟着早读，干脆不读；东西随便乱丢，找不到便喊着“我没有”……这些其实都是“会整理”没做好。于是，我与妈妈约定，我们先从“会整理”下手。

在“会整理”上，我与小婷偷偷有了约定。刚开始，一天下来只要能达成我收拾她帮助，她便可获得一个积分。一周后，我设置了一课一提醒，每一节课下课后，我不帮忙整理，只提醒，若她一天都能做到就可以获得一个积分。这一个阶段经历了两周，我发现慢慢地，她可以每节课下课都保持桌面干净了，便对她提出了与别的小朋友一样的要求——每日一检查通过即可获得一个积分。慢慢地，两周以后，我发现“会整理”的小婷连头发也变得干净清爽起来！

三、“十会”落地，超强动力

更令我惊喜的是，“会听说”“会整理”的小婷逐渐达到了剩下的“八会”，并且她的改变还不仅于此，我发觉她开始对成绩有所谓了，原先拿0分也没事的孩子，变成了对成绩有所谓的孩子。后来，在1月的一次考试中，她终于独立完成了一张没有错误的答卷，卷面清爽干净。

从这张卷子开始，小婷的妈妈对小婷开始充满希望。

妈妈第一次在《沟通桥》上留言：宝贝，我们要在识字上再下功夫！

接着，每一天我收到的留言板上，不再是只有妈妈的签名，还有妈妈对女儿充满自信、帮助女儿查漏补缺的共同努力。我想我做到了那一天对小婷妈妈许下的诺言——小婷真的变得很厉害！

她从一个每天噘着小嘴、喊着不想上学、音乐课上不敢唱歌、封闭在自己世界里的女孩，变成按时进教室、敢于站上舞台表演、有很多好朋友的女孩。我想，我会永远记得她第一次放学和我说“再见”时我红了的眼眶，记得她第一次上课举手时我冲到她面前请她回答的兴奋，记得我帮她扎头发时她说“潘老师，你好温柔啊”的感动。

教育的目的是什么？卢梭在《爱弥儿》中写道：“我们生来是软弱的，所以我们需要力量；我们生来是一无所有的，所以我们需要帮助；我们生来是愚昧的，所以需要判断的能力。我们在出生的时候所没有的东西，我们在长大的时候所需要的东西，全都要由教育赐予我们。”

尽管我还只是一名新教师，但在这一点上，我与所有老师一样，希望把孩子们成长过程中所需要的东西，全部都教给他们。

缺乏经验的我，在面对像小婷这样的学生时，常常会感受到束手无策。而“十会”课程于我而言，就是一个有力的抓手。让我在束手无策时，能够加以借鉴，一条条对照，仔细分析并根据孩子的实际情况不断调整，最终让孩子成为一个拥有良好习惯的人。

“十会”不但是孩子成长的动力，更是我与孩子共同成长的有力法宝！

与孩子一起，习“十会”，感成长

◎ 胡昕仪

非常幸运，我的教师生涯得到了学校“十会”“十能”课程的指导，在经验丰富的班主任们的总结传授下，我学习对班级的管理，又在新荣誉办法中深受启发，我分享两个“十会”习惯养成时的小故事。

一、在“会游戏”中学规矩

在一年级第一个学期的开学初期，每一天排队时，我总能听见一个响亮而稚嫩的声音，“你干什么碰到我”；几乎每一天下课时间，总有个小小的身影奔向我，“老师，他老来烦我”；考试的时候，一拿到试卷就会出现这个声音，“胡老师，这个试卷上的字我不认识”；上课同学发言出现小错误时，一个洪亮的声音迫不及待地喊出了正确答案。

从上面的场景描述中，不难看出这位元元同学的小脑袋瓜非常聪明，上课特别专心，对于老师提出的问题可以迅速做出反应。可是他的问题也非常明显，管不住自己，纪律意识不够强。

因此，我趁下课和元元同学聊了会儿天。元元同学一直低着头，小眼睛不肯看我，当我问他是否知道听说、排队等“十会”的要求时，他抬头看了我一眼，轻轻地说了个“嗯”。我问元元为什么不敢看我，元元低头不语，在我的严厉要求下，只偶尔抬头看我一两眼。我还注意到，他的两只小手紧紧抓着衣角。这一次谈话，除了再一次与元元强调了纪律的重要性，我还发现这个孩子似乎缺少自信，不愿意面对自己的缺点。

于是，我进行了家访，了解这个孩子的生活环境与家庭关系。在这一次家访中，我发现元元在上小学之前，父母对元元非常“宽容”，所有的事情，只要元元愿意，且行为在合理范围内，他们都会允许元元去做，而对于元元不愿意做的事情，他们也不强迫。元元很讲道理，而且思路清晰，但是“没有规矩，不成方圆”，通过规矩帮助元元养成较好的习惯，可以使元元更上一层楼。

在和元元父母反映了元元在学校的表现与“十会”要求之后，我们开启家校合作，达成约定：如果《沟通桥》中“会排队”“会走路”画上了哭脸，元元就需要在家站军姿5分钟，可酌情加时间；如果《沟通桥》中“会吃饭”画上了哭脸，元元晚饭中的荤菜就酌情减少；如果《沟通桥》中“会听说”画上了哭脸，就让元元静坐5分钟，酌情加时间；如果《沟通桥》中连续一周都是笑脸，周末给予元元奖励，可以由元元自己挑选一种亲子游戏；及时向老师反映元元在家中的进步，老师在学校给予及时表扬。

开始的两周效果非常明显：晨会时，元元可以并拢双腿，并在大多数时间将背挺得笔直；跑操时，口号喊得非常响亮，偶尔对不齐队伍也会马上自主调整；在提醒之下，可以及时整理散落的书本。可是他上课随意起立、擅自发言的听说习惯，还是没有得到明显的改善。于是，我再一次与元元进行了交流。这一次交流时，元元主动跑来兴奋地和我说：“胡老师，爸爸妈妈周末带我去买了我最爱的足球。”在对话中，元元看着我的时间明显变长了，对此我特地问了他原因。他轻轻的回答发人深省，他说：“胡老师现在经常表扬我，奶奶也不太凶我了。”我第一次真正理解书本上不断强调的鼓励式教育，真切地感受到了鼓励的力量。

正当我在办公室苦恼怎么样让元元懂得上课的规矩时，校足球队开始挑选小队员。拿到报名表，我的脑子里第一时间出现了那个满是欣喜地跑向我，和我说着足球的元元。我找到元元，问元元知道哪些足球规则。元元一边如数家珍地说着，还一边用手比画着。这一次谈话时，元元全程看着我的眼睛。当我问道：“你知道这么多足球的规则，那你知道班级中的规则吗？”元元一瞬间就把头低下了，似乎知道接下来又要挨批评了。但是我没有批评他，却和他说：“胡老师想要把这个去参加学校足球队选拔的珍贵机会，给能做到‘十会’且了解班级规则的你。”元元低下的头又马上抬起，眼睛亮亮的，斩钉截铁地说：“胡老师，你放心，我可以的，我想去。”但是不一会儿，他的头又低下了，说：“可是我不能很好地做到，我控制不住。”于是我们拥有了一个暗号：如果他快要控制不住了，就用一只小手捂住耳朵，我就请他发言，不仅可以稍微站一会，而且可以说说憋不住的话。

虽然其他任课老师都不建议带着这个做“十会”有困难的孩子去足球队，

但我还是坚持交上了报名表，因为我看见了他眼中的光。第一天，元元摸了11次自己的耳朵；第二天，元元摸了8次；第三天，元元摸了4次……过了两个星期，元元不再摸自己的耳朵，而是上课时间主动举手，小眼睛紧紧跟随上课老师的身影。在足球队中，他从不偷懒，顺利通过了校队选拔，成为一名正式的校足球队员。当我在班里宣布这个消息时，班级中的孩子一起叫着他的名字，为他鼓掌，大大的笑容挂在了他的脸上。以前常有攻击行为的元元，偷偷和我说："胡老师，我好喜欢同学们呀！"

二、在"会听说"中学表达

我们班还有一个与元元截然不同的孩子，他非常"乖巧"。这个叫小杰的孩子，不仅在上课时间非常安静，到了下课时间，他也不吵不闹，还是同样安静地坐在位置上，拿着书本静静发呆。他的表现完全不像一年级的孩子，而像一个年迈的老人，对新鲜的事物提不起兴趣，也不主动去寻找有趣的事情。

在第一次与小杰的谈话中，我感觉到他说话井井有条，很有礼貌，而且心理较为成熟，纪律意识特别强。但是对于"朋友"这个话题，他总是避而不答。带着心中的疑问，我在《沟通桥》中与其父母进行了沟通，得到的回答更让我为这个孩子担忧。原来小杰每天回到家，就会拿起幼儿园时的合影，问爸爸妈妈好多遍："我的朋友们为什么不在这里？"早晨离开家，他又恋恋不舍地抱着合影，与朋友们的照片告别。

在小杰又一次安安静静地坐着时，我走了过去，问道："小杰，你怎么不和大家一起玩呀？"小杰怯怯地看了我一眼，说："胡老师，我和他们说话，他们不理我，他们都是幼儿园同学。"原来是这样，于是我准备了一节不一样的语文课：首先把每一个同学的名字变成拼音，用头像结合名字的有趣图画，让同学们一边复习拼音一边熟悉班级的同学；再请同学们准备一个自我介绍，并说一说想与谁成为好朋友；最后请全班同学一起想办法，了解怎么样可以成为朋友。我主动请了小杰来分享，当小杰说到自己特别喜欢下围棋和踢足球时，小朋友们纷纷发出了窸窸窣窣私下讨论的声音。很快到了下课时间，这一次可不一样，四五个孩子围在小杰周围，与他说着足球的趣事。刚开始小杰还是不太敢说话，但是很快，他就加入了孩子们的话题，聊得火热。小杰在这节语文课上的勇敢表达，让孩子们找到了共同点。

第二天，小杰跑过来和我说："胡老师，我找到了一个好朋友，他叫小睿，他也很喜欢书法。我还想交更多的朋友，可是我和他们说话，还是有几个同学不愿意和我说。"我说："他们是不是有一些害羞呢？你试着鼓励鼓励他们。"小杰点点头，突然眼睛一亮，说了一句"我知道了"就很快回教室去了。

后来我发现，小杰经常会在同学受到表扬时带头鼓掌，还会与同学玩耍时夸赞别人做得好的地方。渐渐地，小杰成了班级里朋友最多的孩子之一。我特意去问了问小杰的秘诀，小杰一脸神秘，说："胡老师，这是一个秘密，但是我可以透露给你一点点。小睿是我的第一个朋友，他是班级里第一个夸我主意真不错的同学！以前我和小红说话，小红觉得我不守纪律，说了我一句，所以我当时不太敢和其他同学讲话了，有点害怕。"原来孩子们在侧耳倾听时互相给予的鼓励和赞美，也在传递着说的能力。

为了给孩子们更大的表达舞台，我带着几个孩子一起去广播台参加节目录制。录制现场，一个个小朋友与主持人一问一答自然地互动。后来，全班同学都守在广播前，听完了这一期节目，还意犹未尽。于是我请每个孩子都在班级中做"汉字代言人"，站在讲台上，讲述汉字背后的故事。

"十会"课程是个大宝藏，不经意之间，会对孩子的习惯形成巨大的影响。每一次活动的展开，都是对"十会"习惯养成的加强和查漏补缺。对"十会"的引导心存感恩，为孩子的成长竭尽所能，我会继续努力，不忘初心。

遇见“十会”

◎ 盛秀岚

大家都说遇见“十会”，遇见美好。说实话，一开始，“十会”给我的不是美好，是焦虑。

回顾这一路，跌跌撞撞却也温暖。还记得为了开好8月29日的新生家长会，陈丽艳老师、盛苗老师给我们传经送宝，让我们心中有底，忙而不乱，俞正强校长和贾淑玮主任指导我们如何进行“十会”的宣讲，我们同年级的老师分工合作、互帮互助。

一、巧妙切入，让工作更有序

“十会”课程的这十个“会”，并列却有先后。比如“会排队”“会吃饭”，是开学第一天就要教给孩子的；“会走路”“会听说”“会整理”，是第一周要教给孩子的。有的“会”，是需要贯穿整个学期的，比如会听说。这就要求我们既要有规划，又要会变化。这十个“会”，如果每天这也抓，那也抓，看似面面俱到，实则徒劳无功。对于这十个“会”，可以抓住其中一两个作为切入点，使其牵一发而动全身。

每个班都会有几个捣蛋鬼或者比较特殊的孩子。

先来认识一下阿毛同学。他是一个很好动的孩子，上课时前后左右“兴风作浪”，下课后不是被小朋友告状，就是被保安告状，不是花坛乱窜、摘花拔草，就是在操场追追打打。午睡要求“眼不睁、手不摸”，他根本做不到，两手一刻不停，不是玩枕头就是玩眼罩。为此他的妈妈给他换过好几个枕头，即使没有魔术贴、拉链，也不行，一根线头他就能玩一中午，眼罩摘了戴，戴了摘，后来他妈妈干脆不让他用枕头和眼罩了，结果还是不行。两只手一会儿弹桌子，一会儿弹别人，一会儿在抽屉里摸，一会儿趴地上捡橡皮屑。让他两手不离桌面，他就左手摸右手，右手摸左手；让他两手不互摸，他就食指摸无名指。妈妈说他从来不午睡，精力过于旺盛。这不，开学没几天，就和吴同学打架了。吴妈妈在电话里一直控诉阿毛，原来，他们是知根知底的幼儿园同学。后来，又有家长告诉我，阿毛在幼儿园时人称“小霸王”。

好，这个阿毛，我得先“拿下”。

下课了，我找他聊天，和他套近乎。“高帽”一戴，他有点来劲儿了。于是，下课后，我经常把他抓在身边，教他擦黑板，教他套垃圾袋，教他移桌子，教他整理本子，教他整理粉笔……我发现，只要用手做的活，他都愿意干，除了写作业。

于是，我在班里时不时地找机会夸他，把他树为“会打扫”“会整理”的小模范。渐渐地，他没空出去打架、拔草了；渐渐地，另几个同学也抢着为班里打扫、整理了；渐渐地，他在“会问好”“会游戏”“会听说”“会睡觉”方面也有了进步。他的妈妈也十分配合，在家里根据“十会”要求给他打星考核。阿毛越来越爱为大家做事，小朋友也开始喜欢他了。上学期，他通过了大队部的入队考核，成了第一批入少先队的小朋友。

班级管理是门大学问，“十会”课程给我们增加了一把教育的金钥匙。

二、螺旋上升，让工作更有效

按照俞校长的指示，每个“会”的学习基本按以下流程进行：先示范，再指导孩子学，观察孩子做得怎么样，及时进行评价，最后进行考核。每个“会”的启动，尽量做到有仪式感，让孩子在学习的初始阶段就重视起来。接下去，每个“会”的学习在每一周、每个月，各有侧重，逐渐细化和深入。然后，各个“会”的学习螺旋上升，以巩固孩子们的学习成果，把成果固化为他们的习惯。

下面，我就以“会吃饭”为例，向大家展示我们的学习过程。

1. 第一周：惜食有方

（1）创造仪式感（帮助孩子进入学习状态）。

（2）了解在校就餐要求：饭前——吃饭前，洗净手，双手拿，动作轻；饭中——专心吃，不说话，不挑食，不剩饭；饭后——排好队，齐摆放，擦净嘴，桌地净。

2. 第二周：稻亦有道

为了真正解决孩子挑食的这个问题，我们带领寻稻小组的小朋友来到位于汤溪镇的千亩稻田，对话全国闻名的种粮大户陈建军伯伯，亲身体验割稻子、打谷子等农事劳作，体悟农人的辛劳，知道“一粥一饭当思来之不易”，主动做“追光少年”！

3. 第三周：餐桌有礼

学习在家就餐礼仪。

在一步步逐层深入的“会吃饭”学习中，孩子们读懂了“粒粒粮食汗珠换”，一粥一饭去珍惜；理解了“俭以养德”“童蒙养正”，一念一为去养成；学会了“凡事作于细，成于严”，一日一日去坚持。

三个星期的学习，让孩子们变得不一样。“会吃饭”，三个简简单单的汉字，让小朋友一起经历了一场从课堂浸润生活的成长。

就像这样，我们设计各种各样的活动，让孩子们反反复复学习这十个看似很小的习惯，收获属于自己的人生技能，养成一辈子都受益的好习惯。这确实意义非凡。

数字资源

为了方便老师们的教学，我们还设置了班主任日志、“十会”视频等数字资源，扫描下方的二维码即可获得。

图书在版编目（CIP）数据

如何培养入学好习惯 / 俞正强，贾淑玮编著. 杭州 ：浙江教育出版社，2024. 8. -- ISBN 978-7-5722-8556-1

Ⅰ. G625.5

中国国家版本馆 CIP 数据核字第 20249VJ013 号

如何培养入学好习惯

RUHE PEIYANG RUXUE HAO XIGUAN

俞正强　贾淑玮　编著

出版发行　浙江教育出版社

（杭州市环城北路177号　电话：0571-88909726）

责任编辑　周　颖

美术编辑　曾国兴

责任校对　胡靖雯

责任印务　朱文韬

封面设计　起轩广告

图文制作　杭州兴邦电子印务有限公司

印刷装订　金华市婺西印刷厂

开　　本　710mm×1000mm　1/16

印　　张　11.75

字　　数　235 000

版　　次　2024年8月第1版

印　　次　2024年8月第1次印刷

标准书号　ISBN 978-7-5722-8556-1

定　　价　58.00元